THÉOTEX
Site internet : theotex.org
Courriel : theotex@gmail.com

© THÉOTEX
Édition : BoD — Books on Demand
12/14 rond-point des Champs-Élysées, 75008 Paris
Impression : BoD, Norderstedt, Allemagne
ISBN : 978-2-322-39625-2
Dépôt légal : décembre 2021

LE TRIOMPHE

DE

LA FOI JUSTIFIANTE

Thomas Goodwin

1642

ThéoTEX
— 2021 —

Notice ThéoT_EX

Le titre anglais original de ce livret d'une centaine de pages, paru pour la première fois en 1642, est : THE TRIUMPH OF FAITH, avec comme sous-titre : *Christ Exhibited in His Death, Resurrection, Ascension, Sitting at God's right Hand, and His Intercession.* Il fut réédité en 1814 à Londres, prolongé par un autre traité de Goodwin, d'à peu près la même longueur : *A treatise, displaying the affectionate tenderness of Christ's heart, now in heaven, to sinners on earth.* C'est sur ce livre que la maison d'édition suisse de Vevey, de laquelle sortit plus tard la Bible Darby, a traduit *librement* le premier de ces deux traités, et l'a publié en 1840, joint à un traité de Darby lui-même sur la Résurrection, le tout sans nom d'auteur apparent.

Ces particularités appellent deux questions : 1° Quelles modifications la *liberté* des traducteurs a-t-elle introduite dans la pensée de Goodwin ? 2° Pourquoi avoir supprimé son deuxième traité, pour le remplacer par un de Darby ?

1) Le texte en français ayant à peu près le même nombre de pages que celui en anglais, ce n'est donc pas pour le résumer que la traduction n'a pas voulu être étroite. Un coup d'œil suffit à se rendre compte des nombreuses références bibliques qui criblent le français, et qui sont absentes de l'anglais. C'est là le style *mômier* des darbystes de l'époque, brevet obligé de biblicisme, qui n'existait pas à ce degré chez les puritains, et qui dans la pratique ralentirait considérablement la lecture s'il fallait vérifier tous ces versets.

Entrant ensuite dans la lecture, on y découvre des expressions suspectes, qui assurément ne pouvaient venir de Goodwin. Ainsi : « ... *et il ne cessera d'y être que quand la Cène cessera sur la terre par l'enlèvement de l'Église dans les cieux.* » La disparition instantanée de l'Église, pour laisser place à la grande tribulation sur terre, voilà le thème obsessionnel de l'eschatologie darbyste, évidemment inconnu de Goodwin, comme on peut le vérifier en lisant ses notes sur l'Apocalypse. Plus loin : « ... *s'il y avait un seul des élus qui manquât au grand appel qu'en fera un jour le cri de l'Archange.* » Même allusion à 1Thess.4.16, qui est un anachronisme par rapport aux conceptions de Goodwin. Plus loin encore : « *Il n'est pas sacrificateur in partibus, comme certains Ministres d'une certaine église.* » Goodwin, qui était un congrégationaliste, ne se serait pas exprimé ainsi sur les prêtres catholiques, ils les qualifiait plutôt de *papistes*, expression supprimée par le ou les traducteurs. En bref, si la traduction française ne colle pas fidèlement à l'original, ce n'est pas pour des raisons de place ou de style, mais pour des raisons militantes.

2) Quant au second traité, c'est sans doute sa couleur un peu *mystique* qui a décidé les éditeurs à le supprimer. Il existe d'ailleurs au sujet de ce texte une rumeur prétendant qu'il aurait donné naissance à la dévotion catholique au cœur de Jésus. Quoiqu'il en soit, amalgamer le nom de Darby à celui du célèbre Goodwin, sans placer par fausse modestie aucun des deux sur la page de titre, était une bonne opération de propagande dans ces jours-là, où la lutte entre les églises établies et les dissidentes battait son plein dans le canton de Vaud… quand bien même la vérité aurait obligé à dire que Goodwin dans son vrai caractère eût immanquablement foudroyé Darby comme hérétique et schismatique.

Abstraction faite de ces détails, il reste dans ces cinq chapitres, cinq grands sermons, propres à revivifier en nous le souvenir de tout ce que le Fils de Dieu a fait, et fait encore en notre faveur, et par voie de conséquence à renouveler notre désir de consécration à un si grand Sauveur.

Phoenix, le 8 décembre 2021

Qui est-ce qui condamnera ? Christ
est celui qui mourut, bien plus, qui
ressuscita, qui même est à la droite de
Dieu, et qui même intercède pour nous.
Romains 8.34

—◁●▷—

1
Introduction.
Christ exemple et objet de la foi
justifiante.

Le chant de triomphe et l'espèce de défi, que Paul met
ici dans la bouche de l'Église, est emprunté à une prophétie
d'Esaïe, dans laquelle c'est évidemment Christ qui parle.
Pour entrer dans l'esprit de cette prophétie, il faut se repré-
senter le fils de l'homme devant le tribunal des hommes, en
butte à d'insultantes humiliations, mais soumis à la volonté
de son Père, et fortifié par l'assurance, que lui donnaient
les promesses divines, de sortir vainqueur du conflit dans
lequel son amour l'avait engagé. Il dit, Esaïe.50.5-8 :

« Le Seigneur, l'Éternel, m'a ouvert l'oreille, et moi, je n'ai point résisté, je ne me suis pas retiré en arrière ; j'ai livré mon dos à ceux qui me frappaient et mes joues à ceux qui m'arrachaient la barbe ; je n'ai point dérobé mon visage aux outrages et aux crachats. Le Seigneur, l'Éternel, m'aidera ; c'est pourquoi l'outrage ne m'a point abattu ; c'est pourquoi j'ai rendu ma face semblable à un caillou, et je sais que je ne serai pas confondu. Il est proche, celui qui me justifie ; qui veut plaider contre moi ?... »

Dans ce passage, Jésus exprime une double confiance : celle d'être aidé du Père dans la terrible lutte qu'il devait soutenir avec les puissances ténébreuses ; et celle d'être justifié (comme il le fut par sa résurrection, Rom.1.4) des condamnations qui seraient prononcées contre Lui.

La communion qui existe entre Jésus et ses membres ; sa qualité de *Chef* ou de *Tête* relativement à son Église ; le nom de second Adam qu'il porte comme représentant de l'humanité ; l'imputation qui est faite aux croyants de ses souffrances et de sa gloire ; tout cela explique suffisamment pourquoi l'Apôtre se sert, et les élus avec lui, d'un langage analogue à celui de leur Chef, pour exprimer la sainte confiance, qu'ils sont justifiés et que rien ne peut les séparer de l'amour de Dieu en Jésus-Christ. Comme l'honneur répandu sur le Chef rejaillit sur les membres, ceux-ci possèdent le même privilège que celui-là. Leur justification ne pouvant être séparée de celle du Christ, ils peuvent triompher dans la certitude de la leur, comme le Christ a triomphé dans la certitude de la sienne.

I. — Mais de cette circonstance découle le fait très consolant que Christ A VÉCU PAR LA FOI comme vivent les élus ; et qu'à cet égard, il nous est un grand et parfait modèle. Il est écrit que *nous avons tous reçu de sa plénitude, et grâce pour grâce* (Jean.1.16), c'est-à-dire, des grâces correspondantes aux siennes. Or, la foi étant la principale, devait exister et agir en Jésus : comment ? c'est ce qu'il sera facile de découvrir dans les paroles mêmes de la prophétie.

D'abord Il vivait de foi *pour lui-même,* en tant qu'homme et envoyé du Père. Sa justification en était *l'objet*, quoiqu'il ne dût pas être justifié de la même manière que nous, c'est-à-dire, par l'imputation d'une justice étrangère : et les *fondements* de sa foi étaient les promesses ou la fidélité de Celui qui l'avait envoyé. Son langage en Esaïe.50.8-9, indique suffisamment qu'il attendait de Dieu sa justification future, aussi bien que la force nécessaire pour s'acquitter de la charitable mais effrayante mission qu'il avait entreprise. Obéir à Dieu dans une chair en ressemblance de chair de péché, souffrir dans cette chair toutes les affreuses conséquences de la chute, se charger de la culpabilité et de la peine de toute iniquité, comparaître à la barre de ces tribunaux humains, représentants, pour lui, de la justice divine ; telle est la tâche qu'il s'était imposée, la coupe que le Père lui avait assignée, le baptême duquel il devait être baptisé ; et quelle tâche ! quelle coupe ! quel baptême ! Or, ne l'oublions pas, s'il eût failli en un iota, en un seul trait de lettre, à l'accomplissement de son œuvre, l'effet des sentences qui furent prononcées à deux reprises contre lui, et exécutées sur la croix, subsisterait encore : la tombe renfermerait la dépouille mortelle de Jésus, et il ne siégerait pas maintenant à la droite de Dieu. Mais le Christ descendit des cieux avec une promesse dans sa main (Esaïe.53.10-12), et il en vécut pendant ses souffrances, comme nous l'apprenons du chap. 50. Aussi l'entendons-nous, *méprisant la honte en vue de la joie qui lui était proposée* (Hébr.12.2) s'assurer que le Père lèvera le scandale de la croix par un acte de son éclatante puissance, et déclarera bientôt la justice de son envoyé, justice cachée au monde dans le moment de la crucifixion. Au Psaume 22, dans lequel le Saint-Esprit rend témoignage à ses souffrances et aux gloires qui devaient les suivre, le Messie se présente à nous sous le même aspect, c'est-à-dire dans l'exercice de la foi aux promesses de Dieu : et dans le Psaume 16, où il est parlé de sa descente au sépulcre, le même Esprit nous fait entendre par avance les accents de la foi du Christ, dans le bienheureux espoir de cette résurrection qui devait attester tout ensemble son innocence et notre justification.

Mais Jésus vivait aussi de foi *pour nous* ; et cela d'une façon particulière et merveilleuse. *Substitut* de l'homme aussi bien qu'*Envoyé* du Père, il ne pouvait séparer ces deux charges importantes dans la perspective d'être justifié, ni par conséquent se considérer à part de ceux qu'il représentait. Ainsi dans ses souffrances et son anéantissement jusqu'à la mort, la foi lui montrait non seulement son propre ministère justifié, mais aussi la même grâce accordée en lui, et jusqu'à la fin, à des milliers et des millions de pécheurs qui devaient vivre de son sang et de sa justice. Et en expirant, il remit au

Père ce trésor d'indulgences, de grâces et de gloire pour le distribuer à qui de droit, savoir à tous ceux qui lui avaient été ou qui lui seraient donnés du Père. Quelle foi! surtout quand on réfléchit qu'elle embrasse toutes les âmes qui peupleront un jour la nouvelle Jérusalem, lorsque *Dieu sera tout en tous.*

Quel miracle de foi, dirons-nous aussi, qu'un homme seul, triomphant au nom et à la place de *tous!* Car Il était *semblable à nous en toutes choses sans péché* (Hébr.4.14); et l'on ne peut pas douter que l'œuvre de notre salut n'ait été celle de sa foi, tout comme celle de son amour et de sa puissance, ainsi qu'il le paraît d'après Hébr.2.12-17. Car quel est le sens de cette parole : *Je me confierai en lui?* Sans doute elle prouve que Jésus était un homme participant à la chair et au sang : mais n'y voit-on pas aussi, en la considérant avec le contexte, une ferme assurance exprimée par le Christ, qu'il serait le salut d'une race de frères et d'enfants, au milieu de laquelle il louerait un jour le Père, ainsi qu'il l'exprime au Psaume 22, versets 22 et suivants?

Chrétiens, ne sont-ce pas là de puissants motifs à vivre vous-mêmes de foi? Ah! prenez courage si la vôtre chancelle, et élevez vos cœurs au-dessus de ces doutes fréquents, de ces craintes, de ces défiances, de ces pensées flottantes, tristes suggestions qui ne viennent pas de Celui qui vous appelle. Quel exemple que celui de Christ! Confiance pour lui-même, confiance pour ses élus; assurance parfaite que sa condamnation aux yeux du monde serait levée par un triomphe sur le sépulcre, qu'il terrasserait la puissance des ténèbres, qu'à sa suite il emmènerait captifs ceux que l'homme fort avait pillés, qu'eux-mêmes seraient rendus justes comme lui, et qu'un jour, par leur résurrection, ils seraient déclarés fils de Dieu (Luc.20.36); tout cela sur une simple promesse, sur un mot sorti de la bouche de Dieu dont il s'était fait serviteur pour notre bien; en faut-il davantage pour nous exciter à marcher sur ses traces, nous qui avons aussi, avec la promesse d'être justifiés en croyant, toute l'œuvre de Christ pour garant de cette justification? Si Dieu a donné des âmes à son Fils, dans la confiance que le Fils les sauverait; si le Fils s'est abaissé dans la confiance que le Père ratifierait ses paroles; ne pouvons-nous pas nous reposer sur l'un et l'autre pour le salut de notre âme seule, sachant d'ailleurs que c'est faire Dieu menteur et se perdre soi-même que de refuser à Dieu cette confiance?

Pécheurs qui lisez ces lignes, et qui tremblez en voyant la multitude d'accusations qui partent, comme autant de foudres, tant du sein de votre conscience que de la loi parfaite du Seigneur, soyez aussi poussés à la foi par l'exemple de Christ; et ne tombez pas dans un découragement, naturel sans doute pour qui ne voit que le péché, mais qui ne glorifie nullement le Seigneur. Considérez de quel épouvantable fardeau l'âme de Jésus a été surchargée : on peut dire que dans un sens et par imputation, il était, selon l'expression hardie de Luther, le plus grand pécheur qui se soit jamais vu sur la terre; car il portait l'iniquité de nous tous : et cependant, voyez : Jésus ne doute pas que ce fardeau ne lui soit ôté ; il ne doute pas qu'il ne soit enseveli avec lui dans les entrailles de la terre ; et que lui-même ne ressorte du sépulcre, lavé et blanchi de toute l'ordure dont nous l'avons couvert, avec une chair glorifiée, apte à jouir de la gloire céleste. Et toi, chère âme, qui n'as pas à porter l'iniquité de tous, toi qui n'es pas responsable d'une infinité de transgressions (quoique chaque transgression ait un démérite infini), refuseras-tu d'avoir bon courage, et de croire que l'œuvre de Christ, œuvre de l'amour divin, œuvre agréée du Père, ne soit plus que suffisante pour te constituer parfaitement juste ?

Tu me répondras peut-être que Christ, étant Dieu manifesté en chair, pouvait savoir de science certaine quel serait le fruit de son ministère de réconciliation ; mais que, quant à toi, tu n'es qu'un pauvre pécheur. — Mais considère, en premier lieu, que, dans le Christ, la foi était l'œuvre de son humanité et non celle de la divinité proprement dite. Pour la divinité, il n'y a pas lieu à la foi ; car on *croit* ce qu'on ne *voit* pas, sur le témoignage de quelqu'un fidèle ; tandis que Dieu voit toutes choses de loin et dès l'éternité ; il n'a rien à apprendre de personne. Considère ensuite que, si tu crois réellement que Jésus qui a été crucifié est le Christ, le Messie promis, et qu'il est ressuscité des morts par la gloire du Père qui lui a ainsi témoigné son bon plaisir, tu as été uni à lui, en sorte que c'est pour toi, et en ton nom, qu'il a dit : *Qui me condamnera ?* Tu peux le répéter avec confiance après lui, et tu y es encouragé par tout ce qui l'y encourageait lui-même. Ce qui pouvait le mettre en danger de condamnation, c'étaient tes péchés, tous les péchés de son peuple ; et pourtant, regarde quelle certitude il a par avance d'être justifié de tous ces péchés-là. En eût-il laissé un seul, même le moindre, sans satisfaction plénière, son œuvre était perdue ; mais tu sais qu'il est maintenant vivant aux siècles des siècles, et que, comme le bouc Hazazel ou le passereau vivant (Lévit. ch. 14 et 16), il a emporté toute iniquité dans une terre inhabitable : pourquoi donc douter que les tiennes soient de ce nombre, et ne pas te voir justifié en Lui ? Observe encore qu'il tirait son assurance de sa divinité ou de son union avec le Père, tandis que tu dois placer la tienne sur lui ; raison de plus pour imiter la sienne, car ici tu n'as pas seulement les mêmes promesses que lui pour te fortifier, mais encore tu as et lui et les promesses. Même, dans un sens, tu as plus de sujets d'être assuré, que Jésus n'en avait dans son humiliation. Car c'est au fort de la souffrance, sous le poids de l'indignation et de l'abandon du Ciel et de la terre, que nous l'entendions s'écrier : *Celui qui me justifie est près ; qui est-ce qui plaidera contre moi ?* C'est quand on le condamne avec charge de blasphème, qu'on le traite comme un criminel prêt à monter sur l'échafaud, qu'il se fortifie par la pensée que nul ne le condamnera. Tandis que toi, pauvre âme, tu le vois non pas mourant, mais vivant après avoir été mort, justifié et non pas condamné, assis sur le trône et non pas cloué à la croix ; puis donc que tu sais qu'il a été condamné et justifié, qu'est-ce qui t'empêche de te joindre aux accents de sa foi ?

Mais il était Fils de Dieu, ajouteras-tu ; il le savait et moi j'ignore encore si je le suis. — Eh bien ! va te remettre, corps et âme, entre les mains de ce puissant Rédempteur, afin qu'il te délivre quand et comment il voudra, et lors même que tu ne te *sentiras* pas adopté du Seigneur, cependant tu n'en seras pas moins son enfant. Et quant aux choses que tu allègues pour justifier tes craintes ou ton découragement, savoir la quantité, la nature et la grandeur de tes péchés, souviens-toi du nombre, de l'énormité de ceux que Jésus a portés, et de la parole qui est sortie de sa bouche en justice : *Tout péché et tout blasphème seront pardonnés aux hommes* (Matth.12.31), parole qui déclarait par avance le fruit de ses saintes souffrances. Or, si ton Sauveur a été déchargé de la culpabilité de tous ces péchés et de tous ces blasphèmes, s'il a été justifié de toute sorte d'iniquités, qui empêche que tu ne le sois aussi en croyant en lui ?

II. — Je ferai remarquer ensuite que, dans les expressions triomphantes de l'Apôtre, celui-ci nous présente Christ mort, ressuscité et glorifié, comme le seul fondement de la foi justifiante. Ce sont les œuvres de Christ, et rien qu'elles, qui tirent de la bouche de Paul, et de celle des élus, le cantique de victoire qu'ils entonnent en présence de toute condamnation, de toute accusation qui pourraient sortir du Ciel ou de la terre contre eux. Ainsi nous apprenons ici comment la foi doit s'exercer à l'égard de Christ, après avoir vu comment celle de Christ s'est exercée pour nous ou en faveur de nous.

Or je dis que Jésus est l'objet de la foi qui justifie, à trois égards particuliers.

1° — Il en est le seul objet en tant que cause fondamentale de notre justification. Dieu est *celui qui justifie le méchant* (Rom.4.5) ; en cette qualité, il est bien aussi l'objet de la foi ; mais qui sont les méchants que Dieu justifie ? évidemment *ceux qui s'approchent de lui par Christ* (Hébr.7.25) ou qui ont reçu préalablement Jésus comme le Bien-Aimé de Dieu. Condamné par sa conscience, le pécheur est renvoyé à Christ, comme Pharaon renvoyait les Égyptiens à Joseph, et c'est quand il a vu et compris le but de l'obéissance et de la mort de Christ, qu'il espère être reçu de Dieu, et se présente avec *assurance au trône de la grâce afin d'obtenir miséricorde* (Hébr.4.16) ; car hors de Christ, que peut-il voir en Dieu de propre à le rassurer dans sa misère ? Aussi est-il dit que c'est *par Lui* (Christ) *que nous croyons en Dieu qui l'a ressuscité d'entre les morts… afin que notre foi et notre espérance fussent en Dieu* (1Pierre.1.21). Avant l'apparition de Jésus en chair, ce n'était non plus qu'en vertu de la promesse du Messie que les fidèles s'approchaient de Jéhovah comme du Dieu de l'alliance. Mais leur foi étant obscure, ils demeuraient encore sous un *Esprit de servitude,* (Rom.8.15), et la crainte remplissait souvent leur cœur. C'est pourquoi Jésus exhorte ses disciples qui *croyaient en Dieu à croire aussi en lui* (Jean.14.1) afin d'obtenir un vif sentiment de leur justification et de leur qualité d'enfants de Dieu. — Dieu est proprement sans doute le premier objet vers lequel se tournent les regards de l'homme qui se convertit ; mais Christ est le premier objet de sa foi proprement dite ; puis il vient à Dieu comme à son Père. C'est ce qui explique ces expressions de l'Apôtre : *Conjurant les Juifs et les Grecs de se*

CONVERTIR *à Dieu et de* CROIRE *en Jésus-Christ notre Seigneur* (Actes.20.24).

2° — Christ est aussi le seul objet de la foi justifiante, par opposition à nos sentiments ou à nos affections. — Plusieurs se reposent, pour se croire justifiés, sur ce que leur conscience a été réveillée et troublée ; c'est une double erreur. Si vous êtes troublés, vous n'êtes pas en repos, et si vous êtes en repos vous n'êtes pas troublés. On a bien mal entendu les paroles du Seigneur (Matth.11.28) quand on a supposé que ce caractère de *travaillés et de chargés* était un indice de justification, et qu'on a exhorté certaines âmes à se confier là-dessus ; excellent moyen pour leur faire perdre le sentiment de leur misère, et les plonger dans une fausse sécurité ! Voir dans cette invitation autre chose qu'un encouragement à croire au Fils de Dieu, donné aux âmes que leurs péchés tiennent loin de lui, c'est leur attribuer un sens faux, et faire un Christ des angoisses d'une conscience réveillée. Les connaissez-vous, ces angoisses ? avez-vous reçu un cœur tremblant et une détresse d'âme ? gardez-vous d'être guéris autrement qu'en recevant Christ. Car s'il n'était que mort, et non point ressuscité, nous serions encore dans nos péchés (1Cor.15.17) ; vous de même, quoique mis à mort par le péché (Rom.7.11-13), si vous ne possédez pas la foi, la vie de la résurrection (Coloss.2.12-13), vous demeurerez encore dans vos transgressions.

Bien moins encore devez-vous vous faire un fondement de justification des grâces que vous avez reçues, ou du changement qui s'est opéré dans votre intérieur, dans vos goûts et dans vos affections. La conscience ne se paie pas de ces choses, quoique bonnes et agréables à Dieu ; ni la justice de Dieu non plus. Si vous étiez tenté de le faire, lisez l'Épître aux Galates, et vous apprendrez de quel œil le Seigneur voit ceux qui veulent joindre leurs œuvres à la sienne, et l'obéissance de l'homme à celle de Christ. Vos œuvres ont-elles été crucifiées pour vous, ou avez-vous été baptisés dans un autre ou pour un autre nom que celui de Jésus ? Filles de la foi, fruits de l'Esprit, elles prouvent aux autres que nous avons reçu Christ, et nous prouvent à nous-mêmes que nous suivons les traces de Christ ; mais deviennent-elles un sujet de confiance ? Saisissons-nous le fruit pour arriver au tronc ? alors le fruit nous reste à la main et nous retombons avec lui.

3° — Enfin Christ est le *premier* objet de la foi justifiante, et non pas les promesses de pardon et de justification qui sont faites à cause de lui. Bien des pauvres âmes, convaincues de péché, cherchent dans la parole de Dieu quelque chose sur quoi prendre pied ; et y trouvant les promesses de grâce, s'y attachent ou se reposent sur elles sans regarder à Celui à cause duquel elles sont faites, et qui sont ceux qu'elles concernent proprement. C'est imiter la colombe de Noé qui, après avoir volé çà et là, revint bien se poser sur l'arche, mais y serait périe, si Noé n'eût avancé sa main et ne l'eût retirée au-dedans de l'arche. Faisons-y bien attention ; les promesses de pardon ne sont pas les lettres de grâce d'un prince de la terre, qui ne contiennent qu'un simple acte, ou une simple attestation de rémission ou de commutation de peine ; en sorte que, pour en avoir le profit, il suffit d'avoir en main la lettre scellée du sceau royal. Mais Dieu pardonne dans une promesse comme ferait un prince qui proposerait à un criminel la main d'une de ses filles, condition qui, étant acceptée, emporterait de fait et de droit le pardon du coupable. C'est toujours de Christ, et non de pardon ou d'assurance de pardon, qu'il est parlé au pécheur inquiet ; tout comme c'est à croire au Fils de Dieu que les ministres du Seigneur doivent exhorter tout homme ; car Dieu ne traite qu'avec ceux qui viennent à lui par Jésus et qui ont auparavant obéi à l'ordre de recevoir le Fils. Les exemples en sont si nombreux et si connus, qu'on nous dispensera de faire autre chose que d'en citer quelques-uns : Actes.2.37-38 ; 7.37 ; 13.37-39 ; 16.30-31 ; 26.17-18, etc. — Et d'ailleurs n'est-ce pas Christ qui a été le sujet de la première promesse par laquelle Dieu est venu mettre un remède à l'introduction du péché dans le monde ? (Genèse.3.15) N'est-ce pas *en Christ que tout autant de promesses qu'il y a en Dieu sont oui et amen,* (2Cor.1.19) et Christ n'est-il pas lui-même appelé *l'alliance du peuple ?* (Esaïe.42.6) Pouvons-nous posséder l'héritage uniquement parce que les titres en sont entre nos mains, et sans être, au préalable, unis avec l'héritier ? Saisissons donc Christ avant toutes choses, et n'espérons pas manger les fruits du paradis de Dieu sans monter sur l'arbre qui les porte ; ou être nourris de la pâture du Seigneur sans avoir choisi Jésus pour Berger, sans avoir obéi à Celui qui a crié dans la nuée : *C'est ici mon Bien-Aimé en qui j'ai mis tout mon bon plaisir, écoutez-le.* (Matthieu.17.5)

Toute promesse, de quelque genre qu'elle soit, nous ramène à Christ, tend à nous rappeler Christ, est basée sur Christ, et ne peut s'accomplir en nous qu'en vertu du regard qu'elle nous fait porter vers Christ. C'est un principe que nous devons demander à Dieu de planter dans notre cœur, afin que nous apprenions à ne pas vivre dans l'espoir de recevoir des bénédictions spirituelles, sans considérer auparavant le Médiateur, Dieu et homme, qui en est le fondement et le trésor. *Celui qui a le Fils a la vie; mais celui qui n'a point le Fils n'a point la vie* (1Jean.5.12), tel est l'ordre invariable que Dieu a établi : espérer quelque vie hors de Christ, c'est à la fois se nourrir d'une chimère et faire Dieu menteur, Paul ne fait reposer l'assurance qu'il a d'être justifié, que sur Jésus ; et s'il est vainqueur de toute crainte de condamnation, c'est dans le Fils de Dieu, mort, ressuscité et glorifié.

Mais comment cette mort, cette résurrection et cette gloire rendent-elles la foi triomphante ? C'est ce qui fera le sujet des chapitres suivants.

2

Triomphe de la foi
dans la mort de Christ.

> Qui est-ce qui condamnera ? Christ
> est celui qui mourut.
>
> Romains 8.34

En présentant Christ comme premier objet de la foi justifiante, l'Apôtre nous invite à regarder, non pas à la personne
du Sauveur, mais à ses œuvres et à sa gloire actuelle. Car
quoiqu'il y ait pour les fidèles affermis une grande utilité et
une grande consolation sous d'autres rapports, à contempler la personne même du Christ, ce n'est pas tant ce qu'il
est, que ce qu'il a fait ou ce qu'il fait encore, qui doit être
l'aliment de notre foi, quand il s'agit de notre justification.
Et même ce ne sont ni la vie actuelle de Jésus, ni son intercession qui doivent attirer l'attention d'un pécheur lorsque,
sur l'ordre de Dieu, il vient à lui pour la première fois par
Jésus. Le Christ mort sur la croix, le Christ donnant sa vie
pour l'homme : voilà le commencement de la foi du pécheur,
comme l'autel des holocaustes était le premier objet qui frap-
pait la vue quand on venait au tabernacle. Il est très vrai

que le Christ ressuscité doit nécessairement faire partie de la substance de la foi pour que celle-ci nous console (Rom.10.9; 1Corinth.15.17). Jésus devenu homme, Jésus comparaissant *en forme de chair de péché et pour le péché* (Rom.8.3) Jésus fait malédiction pour nous sur la croix; c'est le lait qu'il faut à une âme qui n'a encore d'yeux que pour apercevoir ses propres ténèbres, parce qu'elle a besoin d'amour, et que c'est dans la croix que se montre celui de Dieu pour l'homme pécheur (Rom.5.6-8). La gloire de Christ, proprement dite, ne peut être contemplée dans sa perfection que par les Anges ou les Saints ressuscités (1Jean.3.2) celle qu'on découvre par la foi dans le temps présent, est aperçue seulement par les âmes affranchies (2Cor.3.16-18). Quant aux pécheurs qui ont besoin de grâce et d'amour, c'est à Jésus qui mourut qu'ils doivent venir, afin que leurs cœurs soient consolés. Voilà le premier échelon par lequel la foi monte dans le sanctuaire, pour se *glorifier* ensuite *dans l'espérance de la gloire de Dieu* (Rom.5.2).

C'est d'ailleurs dans la croix que nous voyons ce qui nous justifie foncièrement, c'est-à-dire, le don que Jésus fait de sa vie, afin d'épargner la nôtre, et de nous rendre celle que nous avons perdue par le péché. C'est dans la croix que nous contemplons la cause de la rémission des offenses, et le moyen de leur expiation, savoir *l'effusion du sang* (Hébr.9.22). Aussi, *avant toutes choses*, Paul avait-il prêché à Corinthe, *Christ mort pour nos péchés selon les Écritures* (1Cor.15.3); et ne publiait-il la réconciliation de l'homme avec Dieu que comme opérée dans la mort de Jésus (Rom.5.10; 2Cor.5.19-21; Coloss.1.19-22). On peut remarquer aussi que le seul signe visible que Jésus nous ait laissé de son amour, le repas de la Cène, est destiné à perpétuer la mémoire de sa mort douloureuse ; et que la foi en Jésus est expressément appelée *la foi en son sang,* l'effusion de ce sang étant la déclaration de la justice de Dieu dans la rémission des péchés, ou la justification des pécheurs qui croient (Rom.2.24-25).

Ainsi Jésus mourant sur la croix, chargé de nos transgressions, étant à la fois la démonstration de la justice de Dieu envers le péché, de son amour envers le pécheur, et du droit que sa miséricorde s'est acquis de pouvoir s'exercer sans empiéter sur celui des autres perfections divines, doit être aussi la substance première dont la foi justifiante doit se nourrir ; car la *rédemption par son sang* est la première des bénédictions spirituelles que nous trouvons dans le Christ (Ephés.1.3-5). Comme *la puissance du péché c'est la loi, Christ crucifié est la puissance de Dieu et la sagesse de Dieu* (1Cor.15.56 ; 1.23-24) ; son sacrifice, *source ouverte pour le péché et la souillure* (Zachar.12.1), est ce qui donne force et cours à toutes les promesses de la. parole de Dieu. Si nous ne pouvons le voir maintenant que dans les cieux, n'oublions pas qu'il s'y trouve non seulement sur le trône, mais aussi comme l'Agneau qui a été mis à mort, et au devant du trône (Apoc.5.6), et en nous approchant de ce dernier, pour y contempler la perfection de notre justification, rappelons-nous que celui qui y est assis et élevé, répandit jadis sur le Calvaire ce sang qui, dans les cieux, *crie de meilleures choses qu'Abel* (Hébr.12.24).

Mais que notre œil soit simple en regardant au Christ

mis à mort, et pénètre au-delà de ce que la chair peut apercevoir dans les souffrances du Seigneur. Car la chair y peut découvrir de quoi remuer certaines affections naturelles, mais qui ne profitent de rien à l'âme qui les éprouve, quoiqu'elles soient excitées par les mêmes objets extérieurs qui donnent à la foi de la consolation, de la fermeté et de la joie. Ainsi plusieurs prédicateurs charnels se servent souvent de la grandeur, de la profondeur et de la multitude des souffrances de Jésus, pour faire vibrer dans le cœur de leur auditoire charnel comme eux, des sentiments de pitié envers l'innocente victime de la fureur des Juifs, d'indignation contre les bourreaux du Fils de Dieu, d'attendrissement et d'admiration pour l'héroïsme de Jésus au milieu de ses souffrances. Et quand, par leurs exclamations, leurs doléances, leurs anathèmes contre le sanhédrin, Pilate, ses soldats et le peuple de Jérusalem ; quand, après avoir exalté tout ce que le caractère du Fils de l'homme peut présenter de sublime, dans son innocence, sa patience, sa constance surhumaine, ils sont parvenus à mettre un auditoire en pleurs ou à provoquer des émotions du genre de celles qu'une histoire tragique ou quelques scènes romanesques peuvent exciter ; ils pensent avoir fait une brillante conquête sur les cœurs, et avoir prêché avec succès. Mais ne trouvent-elles pas ici à la lettre leur application, les paroles de Jésus adressées à ces filles de Jérusalem qui l'accompagnaient en se lamentant et en se frappant la poitrine (Luc.22.27-28), quand il se rendait en Golgotha ? Non, Jésus ne veut rien de ces sentiments humanitaires, réveillés par le tableau de ses souffrances.

Ce que l'on accorde souvent à des événements purement fictifs, ce qui n'est que le fruit de la nature ou de l'imagination, réchauffées par le tableau de l'innocence aux prises avec la cruauté, ne peut plaire le moins du monde à Celui qui demande des affections spirituelles chez les auditeurs de la Parole. Aussi l'arbre se connaît à ses fruits ; et tel qui pleure ou s'extasie devant un crucifix, un tableau de Christ flagellé ou crucifié, ou quelque sermon dans lequel le talent de l'orateur s'est inspiré de ce que l'histoire de la Passion présente de charnellement pathétique, demeurera dans sa légèreté, son orgueil, sa propre justice, sa mondanité, ses haines, ses médisances, en un mot, dans tout ce que devrait écraser et détruire dans le cœur une méditation sérieuse des souffrances de Jésus : et surtout sa conscience, chargée d'un péché qu'il ne sent pas et n'a pas découvert à la lueur de la croix, demeurera aussi souillée et aussi cautérisée qu'auparavant.

C'est qu'en effet il y a dans les souffrances et la mort du Christ autre chose à contempler qu'un être juste, étranger à notre siècle, couvert d'opprobres et d'avanies de toute espèce, et envoyé à un supplice déclaré maudit par la loi de Moïse, lors même que nous verrions encore dans cet être un Dieu incarné. Le cœur, l'intention, le dessein de Christ dans sa passion, voilà, chers lecteurs, ce qui forme l'essentiel, voilà ce que vous devez discerner dans les récits que quatre auteurs inspirés nous ont laissés du jugement que Dieu a fait passer sur son Bien-Aimé par le ministère des iniques. C'est là ce qui fait la joie du Chrétien déjà justifié qui revient à porter ses regards sur la croix, et ce qui attire à Christ cette âme angoissée qui cherche un asile contre les terribles accusations d'une conscience réveillée. Je ne dirai pas tout ce que, considérée sous cet aspect, la mort de Jésus nous prêche ; car elle est non seulement un fécond et un éloquent, mais aussi un puissant prédicateur (1Cor.1.18). Me bornant donc à ce qui concerne le sujet de la justification, je prierai le lecteur de remarquer que si les Évangélistes ne font aucune réflexion sur le but de la passion de Jésus pendant le cours du récit qu'ils nous en ont laissé, le Seigneur du moins ne l'a pas caché pendant l'exercice de son ministère (Matth.20.28 ; 26.26-28 ; Jean.3.15 ; 6.51 ; 10.17, etc.) ; et les auteurs sacrés enchérissent sur ce sujet d'une manière remarquable, comme l'on peut s'en convaincre par la lecture des passages suivants : Ésaïe.53.3-6,10-11 ; Daniel.9.24,26 ; Luc.24.46-47 ; Rom.5.6-10 ; 6.6,10 ; 8.3, et tant d'autres qui doivent être connus de nos lecteurs. Dans la mort de Christ, Dieu avait donc un dessein, dessein formé avant tous les siècles, dessein D'AMOUR, incompréhensible pour les hommes, et dans lequel les Anges désirent de regarder jus- qu'au fond. C'est là ce qui doit être lu dans la croix et dans les meurtrissures du Fils de l'homme, et ce que Pierre fait remarquer aux habitants de Jérusalem, auxquels il prêche la rémission des péchés au nom de Jésus, afin d'amener leurs âmes à ce puissant et charitable Rédempteur. Il leur apprend que c'est *par le conseil déterminé de Dieu*, que le Christ a été livré (Actes.2.23), et que par conséquent sa mort n'était pas due proprement à la trahison de Judas, à la rage des gouver- neurs ou à la lâcheté de Pilate, mais à un conseil pris dès longtemps entre le Père et Christ (conseil que nous rapporte Paul aux Hébreux.10.4-16) ; savoir, d'ôter le péché du monde par le sacrifice de la croix, le seul qui pût laisser aux entrailles de la miséricorde divine, la liberté de justifier et de pardonner. Ainsi, c'est en vertu d'un décret de grâce antérieur à tous les siècles et dicté par un amour inconcevable pour des créatures coupables, que le Fils de Dieu est descendu sur la terre, ses souffrances étant tellement nécessaires que cette coupe n'a pas pu être éloignée de lui. Oh ! que de pensées doivent réveiller en nous ces paroles solennelles : *Père, s'il était possible !* Et pourquoi cette impossibilité ? Ah ! c'est que Jésus était lié par l'amour à cette volonté du Père, qu'un *homme mourût pour tout le peuple,* et que cet homme fût la *Parole faite chair.*

Oui, encore une fois, c'est le cœur de Dieu à l'égard de l'homme, les insondables pensées de sa charité éternelle envers les pécheurs, qu'il faut savoir discerner, reconnaître et adorer dans la croix. Il y a là, non pas un martyre propre à exciter notre horreur ou notre pitié, mais un mystère dévoilé, le mystère de la grâce de Dieu, que révélaient en partie les sacrifices mosaïques, et qui maintenant est mis en évidence. Que Dieu nous donne des yeux pour en voir les richesses, et un cœur pour en saisir l'excellence !

Considérée sous cet aspect, quelle consolation, quelle joie la mort de Christ n'apporte-t-elle pas au fidèle ! Ce qui a satisfait Dieu, ce qui a lavé tant et tant de pécheurs, dont plusieurs, quoique morts, sont vivants à Dieu comme Abraham, Isaac et Jacob, ne doit-il pas aussi combler les désirs, procurer une pleine paix à l'âme qui a le bonheur de le comprendre ? Y aura-t-il besoin d'ajouter quelque chose qui vienne de nous, à cette œuvre parfaite du Rocher de notre salut, pour que nous ayons la liberté de nous désaltérer aux eaux qui en découlent ? Ces doutes, ces craintes affreuses suggérées par la vue de nos péchés, l'idée d'une possibilité de condamnation, tout cela ne cédera-t-il pas à la pensée ou plutôt à la certitude que le Père a pris son souverain plaisir dans l'œuvre du Fils, et respiré une odeur d'apaisement en vertu de laquelle il dit (Hébr.10.17) : *Je ne me souviendrai plus de leurs iniquités* ? A Dieu ne plaise que nous soyons plus difficiles que Dieu même, et que ce qui lui suffit pour justifier, ne nous suffise pas pour croire à notre justification ! Voyez l'Apôtre dans notre texte : y a-t-il chez lui hésitation, tremblement, frayeur de se tromper, en prononçant qu'il n'y a plus de condamnation puisque Christ est mort ? Non ; il connaît le dessein éternel de Dieu ; l'abondance de la grâce, la perfection de la justice, et il ne demande rien de plus. Il parle comme un homme pleinement persuadé, étonné même de la clarté des preuves, de la solidité du fondement de la justification. Il sent que, devant un Dieu mort pour nous, un Dieu qui donne son Fils et toutes choses avec lui, il n'y a plus à examiner encore, à raisonner ou à objecter ; et bravement, il jette un défi à tout ce qui, dans les cieux et sur la terre, oserait condamner le croyant. Conscience, sagesse charnelle, Loi de Sinaï, péché, démons, aiguisez vos traits, ramassez vos forces, rassemblez toutes vos accusations, vos reproches, vos sentences contre le Chrétien pour le priver de son privilège ; vos efforts sont inutiles ; vous êtes depuis longtemps hors de procès ; votre témoignage, quoique vrai, n'est plus admis dans la cœur de la céleste justice. Qui accusera quand Dieu justifie ? Qui condamnera puisque Christ mourut ? Oh ! bienheureux qui peut ainsi triompher en Christ, et qui a appris du Seigneur à se tenir si ferme à la croix, ou à comprendre tellement ce que vaut le sang de Christ, qu'il puisse ainsi fermer la bouche à tous ses adversaires !

Mais Paul ne voyait-il pas peut-être les choses avec cet œil de l'imagination qui souvent trompe les mieux éclairés ? Non ; Paul n'était pas hors de sens en se glorifiant ainsi dans la mort du Sauveur. Il n'avait pas seulement appris en paroles l'abondance de la grâce et de la rédemption (Psa.130.4 ; Ésaïe.1.16 ; 55.7 ; Michée.7.17-18), mais il en avait fait la consolante expérience (1Timoth.1.12-17) ; il connaissait ces *insondables richesses de Christ* qu'il prêchait parmi les Gentils (Éphés.3.8), non par ouï-dire, mais pour les avoir lui-même savourées. — D'ailleurs quel est celui qui, ayant reçu avec puissance et par le Saint-Esprit cette céleste vérité que Dieu en Christ a passé par la mort, ne puisse triompher comme Paul ? Quelle est la conscience, même la plus angoissée, même la plus courroucée. même la plus rongée de la gangrène du remords, que le sang de Jésus ne puisse soulager, calmer et guérir ?

J'ai transgressé la loi de Dieu, dira quelque pauvre pécheur ; j'ai déshonoré Dieu en œuvres et en paroles ; j'ai *fait* et refait *cette chose abominable laquelle Il hait,* (Jérém.44.4). Tout cela est vrai, trop vrai ; mais Christ est celui qui mourut ; c'est plus qu'il n'en faut pour te justifier. — Si la loi est violée, le législateur l'a observée ; il a pleinement satisfait à ses exigences : car *Dieu a envoyé son Fils, né de femme, né sous la loi,* et *Christ nous a rachetés de la malédiction de la loi quand il a été fait malédiction pour nous* (Galat.4.4 ; 2.13). — Si tu as déshonoré Dieu, si tu as versé des ténèbres sur sa justice et sa sainteté, Christ en mourant l'a glorifié ; et il l'a fait en s'abaissant, en s'avilissant jusqu'à se laisser clouer sur une croix entre deux brigands ; ton péché n'a fait qu'intercepter les rayons du soleil ; la mort de Christ a été l'obscurcissement du soleil même. Si tu as commis ce que Dieu hait et maudit, Christ a accompli toute la justice que Dieu aime, et il a été fait malédiction comme s'il eût été digne de haine. Te faudrait-il quelque chose de plus ?

Et comme l'existence du péché n'est point pour le croyant un obstacle à se réjouir avec l'Apôtre en Celui qui *nous a réconciliés par le corps de sa chair, dans sa mort* (Coloss.1.21-22), les circonstances même du péché n'en sont pas un non plus pour lui : car quelles que soient ces circonstances, elles trouvent leur parallèle, et par conséquent leur compensation dans l'obéissance et la mort de Christ.

Y a-t-il eu de la perversité dans ton péché ? Considère tous les crimes que Dieu a permis qui fussent (injustement, sans doute, mais réellement) imputés à son Fils par ceux qui l'ont mis à mort, quand il a dû être fait offrande pour le péché. Il est mort accusé d'être rebelle à César, de blasphémer contre Dieu de la manière la plus odieuse en se faisant égal à Dieu, d'être un imposteur, un séducteur, un démon, un être moins digne de vivre que Barrabas qui était un brigand ! Voilà les charges qui ont pesé sur lui, charges injustes, encore une fois, quant aux hommes ; mais justes quant à Dieu, qui ne voyait en lui que notre représentant. Se peut-il imaginer une satisfaction plus parfaite pour les péchés même les plus exécrables, que la Sainteté même les prenant à soi et souffrant à cause d'eux la malédiction du Ciel et de la terre ?

Diras-tu que tes péchés ont été aggravés par la méchanceté de ton cœur en les commettant, en sorte que leur dehors n'est encore rien en comparaison de leur principe intérieur ? Regarde le Christ mourant ; vois son âme luttant avec la colère de Dieu ; abandonné, faut-il le dire, à elle-même sous le poids de ses mortelles angoisses ; ne trouveras-tu pas que ses souffrances corporelles sont bien peu de chose à côté de celles-ci, et que les douleurs de son âme ont été, de beaucoup, ses plus grandes douleurs !

L'empressement, le plaisir avec lequel tu as péché, double-t-il à tes yeux l'énormité de ta conduite ? — Christ s'est offert à la mort avec plus d'empressement que tu n'en as mis à l'y conduire (Hébr.10.8-9 ; Luc.12.50).

As-tu péché de volonté délibérée et pouvant très bien éviter de te rendre coupable ? — C'est encore une des dispositions avec lesquelles Christ est allé au-devant du supplice

(Jean.17.4 et suivants ; Luc.9.51 ; 12.50).

As-tu péché avec présomption, bravant la pensée du sépulcre et du jugement ? — Lié au Père par sa promesse, Jésus, afin de délivrer ton âme, a aussi bravé les horreurs de la malédiction divine, et s'est écrié : *Maintenant dirai-je : O Père, délivre-moi de cette heure ? Mais c'est pour cela même que je suis venu à cette heure* (Jean.12.27).

Enfin y a-t-il dans tes péchés quelque circonstance que ce soit, de temps, de lieu ou de personne, qui leur imprime un caractère plus ou moins hideux ? comme, par exemple, une position qui t'obligeait plus qu'un autre à ne pas être en scandale, les occasions que tu avais de ne pas pécher ; les bienfaits et les châtiments du Seigneur à ton égard ; les personnes avec lesquelles tu vivais et que tu étais appelé à édifier par ta conduite ? — Eh bien ! toutes ces circonstances ont augmenté les amertumes de la mort du Seigneur. Le Christ de Dieu, Celui dont la gloire surpasse celle de toutes les créatures, le Roi, le Sacrificateur, le Prophète par excel-lence, a été défait de visage plus que pas un des fils des hommes ; il a souffert, de tous les genres de mort, le plus infamant, dans l'époque de l'année la plus solennelle, aux portes de la cité de Dieu, dans le lieu le plus exécré et dans la compagnie la plus exécrable !

C'est ainsi que les détails de la Passion de Christ ont, avec ceux de nos péchés, une correspondance remarquable ; Dieu l'ayant ainsi voulu pour la consolation de ses élus. Et quoique ses souffrances, considérées en général, répondent déjà suffisamment aux besoins de nos consciences, et nous fournissent assez d'arguments contre nos accusateurs, les circonstances qui les ont accompagnées peuvent encore servir au relèvement de quelques âmes humiliées et troublées par celles qui ont ajouté quelque degré de malice et de culpabilité à leurs transgressions passées.

Que nos âmes savourent donc (sans doute avec les herbes amères de la repentance, mais aussi avec joie), cette chair donnée pour la vie du monde, ce sang répandu en rémission des péchés, ce sacrifice de bonne odeur, dont la valeur et le mérite couvrent toute transgression, effacent tout péché et ôtent même de la mémoire de Dieu le souvenir des iniquités de son Église. Ne nous bornons pas à connaître d'une manière générale, que le Christ est mort pour nos offenses ; mais que chacun des traits de cette scène d'amour et de douleur, devienne pour nos âmes un sujet de méditation, afin de nous devenir un motif de consolation. N'avoir qu'une idée superficielle de sa propre misère, tout en se reconnaissant pécheur, ce n'est pas être suffisamment humilié ; de même ne connaître qu'en gros le martyre expiatoire de l'Agneau de Dieu, sans pénétrer plus avant dans ces détails qui en relèvent la toute suffisance et l'infinie valeur, ce n'est pas être pleinement consolé. Aussi, lorsque, dans un moment de tentation, bien des fidèles découvrent plus distinctement les plaies de leur cœur, ils sont effrayés, leur foi se couvre d'épais nuages, et ils doutent de leur justification, ne voyant pas que, dans les souffrances du Christ, il y a des douleurs diverses pour leurs angoisses spirituelles diverses. Mais

Dieu se déclarant satisfait dans la mort de son Bien-Aimé, il faut donc que la foi travaille à y découvrir les différentes causes de cette satisfaction, pour pouvoir elle-même entrer dans le repos de la justification. Ne soyons point lâches à cette œuvre ; toutes les pièces d'un procès important ont besoin d'être soigneusement étudiées ; et celles qui concernent le procès que la loi, la conscience et le démon nous intentent souvent, le méritent tout particulièrement. Notre cœur, ses infidélités, ses chutes, voilà les pièces de nos accusateurs ; et l'audace de ces derniers est d'autant plus formidable, que nous leur avons fourni plus amplement matière à réclamer et à condamner. Paul, qui souffrit les attaques de la loi avant de connaître la grâce, fut obligé de mourir à toute espérance (Rom.7.7-11) ; le geôlier de Philippes fut tout tremblant et tout effrayé (Actes.16.27-29) ; et c'est là ce qui nous arrive quand nous ne connaissons pas toutes les perfections du sacrifice de Jésus, notre seule pièce justificative, mais qui, à elle seule, suffit pour fermer la bouche aux adversaires. Qu'il plaise à Celui qui nous a donné son propre Fils, de nous révéler de plus en plus l'excellence des souffrances de ce Bien-Aimé, afin que journellement nous tirions, de la bouche de ce lion mort, le miel qui fait revenir le cœur à celui dont les forces sont épuisées et les yeux obscurcis par la chaleur du combat !

3

Triomphe de la foi
dans la résurrection de Christ.

Bien plus, qui ressuscita.

Romains 8.31.

La foi qui justifie regarde à Christ tout entier et non pas seulement à Christ crucifié ; et elle ne saurait sans cela procurer une paix parfaite, ni mettre dans notre bouche un chant de triomphe et de délivrance. Si *Christ n'est point ressuscité, votre foi est vaine et vous êtes encore dans vos péchés*, disait Paul aux Corinthiens (1Cor.15.17) : aussi une des premières choses qu'il leur avait prêchées, était que non seulement Christ était mort, mais qu'il *était ressuscité le troisième jour selon les Écritures*. C'est dans cette résurrection, en effet, que le croyant, assailli par des accusations, trouve de quoi donner réponse péremptoire à celui qui lui fait des reproches : et l'une des causes pour lesquelles les croyants sont si souvent criblés par Satan, c'est qu'ils ne connaissent pas l'importance de la résurrection de Jésus et la place éminente que cette doctrine occupe dans les écrits de l'Ancien et du Nouveau Testament.

Cependant ce n'est pas faute de témoignages : Jésus en parle à diverses reprises et ses apôtres ne tarissent pas, Paul entr'autres, sur cet article fondamental de la foi chrétienne. Et le *bien plus*, dont il est précédé dans notre texte, lui imprime une spécialité qui, en établissant sa valeur dans la doctrine de la justification, devrait le recommander à la sérieuse attention des enfants de Dieu. Paul semble nous dire par là qu'il y a, dans la résurrection de Christ, quelque chose qui ne se trouve pas dans sa mort, qui sert à établir la foi sur une base que cette dernière ne peut offrir à elle seule. C'est là aussi ce qu'il enseigne indirectement en Romains.5.10, ainsi que Pierre dans 1Pi.1.21.

L'espèce d'emphase que met l'Apôtre à annoncer que Christ ressuscita, ou qu'il reprit une nouvelle vie après sa mort et sa sépulture, sera pleinement justifiée par les deux principes suivants : Cette résurrection, 1°, est la preuve de la parfaite satisfaction que Dieu a trouvée dans la mort de Jésus ; 2°, elle nous assure directement à nous-mêmes (je parle des croyants) que devant Dieu nous sommes parfaitement justes.

En d'autres termes, si nous demandons à Paul raison de sa pleine confiance d'être justifié dans la mort de Jésus, il nous répondra que, puisque le Christ de Dieu a brisé les liens de la mort, il faudrait se refuser à toute évidence pour mettre en doute la bonne odeur de son sacrifice devant Dieu, et par conséquent l'efficace de ce sacrifice pour ôter le péché, faire propitiation pour l'iniquité, et amener la justice des siècles. Et cette évidence ressortira des considérations suivantes :

I. — En ramenant à la vie le grand pasteur des brebis, Dieu a donné un témoignage positif de la réparation entière et parfaite accordée à sa justice qui demande la mort du pécheur : c'est le premier degré d'importance que la résurrection doit avoir pour nous, et la première base qu'elle présente à la pleine assurance de la foi. Quoique cette dernière discerne dans la mort de Jésus assez de valeur pour acquitter l'énorme dette de l'humanité, elle a encore besoin d'un signe qui lui atteste, non pas que Jésus a fait *assez* pour que la Justice pose son sceptre irrité en présence de la croix, mais que l'œuvre du Rédempteur a reçu dans les cieux une acceptation solennelle ; ou bien, en d'autres termes, qu'il y a eu parfait accord entre le créancier et celui qui s'est porté comme caution, relativement au mode de paiement. Car ce n'est pas assez que Jésus s'offre lui-même à notre place pour accomplir toute justice : il est nécessaire que, dans un cas comme celui-ci, cette substitution soit reconnue comme légitime et comme suffisante dans le conseil de Dieu ; et que nous sachions comme une chose certaine qu'il en est ainsi. Un créancier peut vouloir être payé non par une caution (quoique nous en ayons une valable), mais par le débiteur lui-même ; et l'acceptation de la caution est en soi un acte de grâce qui dépend du bon plaisir de notre créancier. C'est ce que l'Apôtre insinue (Rom.3.23), quand il présente la *grâce* comme fondement du salut, aussi bien que *la rédemption qui est en Jésus-Christ*. Or, quelle est la preuve que Dieu a consenti à recevoir cette rédemption ? ce n'est pas autre chose que la vie que Christ a reprise. Sa résurrection est la décharge authentique de l'obligation qui était contre nous ; et la foi saisit cette résurrection pour s'assurer que Jésus a véritablement ôté le péché du monde. Elle la présente avec confiance à l'accusateur, comme un débiteur présenterait une créance acquittée à quiconque viendrait l'importuner de la part de son créancier. De là le triomphe de Paul dans notre texte : *Qui condamnera ? Christ est celui qui mourut ; bien plus, qui ressuscita !* Le Fils de Dieu a porté la malédiction du péché, et le Père l'a ramené d'entre les morts pour attester que maintenant son âme est satisfaite, et qu'il n'a plus rien à exiger des croyants.

Mais il y a mieux encore ici ; et le *bien plus* de l'Apôtre indique un degré ultérieur de paix et de confiance sur lequel la foi peut s'élever par la contemplation du Sauveur ressuscité. Quand Dieu justifie, il ne déclare pas seulement la non-culpabilité du pécheur, mais il rétablit ce dernier dans les privilèges que son état de prévention lui avait fait perdre, et le réintègre dans ses droits de bourgeoisie (Rom.5.1-2). Le croyant ne sort pas seulement de la misère, mais il est déclaré juste ; il n'est pas simplement absous authentiquement, mais réhabilité et constitué membre de la famille de Dieu ; non seulement il ne vient point en jugement, mais il est passé de la mort à la vie, et il a la promesse d'être ressuscité au dernier jour (Jean.3.16 ; 5.24-25 ; 6.40). Or c'est sur la résurrection de Christ que sont fondés ces privilèges ; car, selon que le dit l'Apôtre (Rom.4.25) : *Il mourut à cause de nos offenses, et il ressuscita à cause de notre justification,* c'est-à-dire que, comme sa mort donne satisfaction plénière aux droits de la justice éternelle, et en conséquence nous absout de toute peine méritée par nos offenses, sa vie nous constitue justes, ou participants des privilèges que lui a acquis son obéissance. Car si sa mort nous procure une bénédiction puisqu'il l'a soufferte à notre place, sa résurrection doit aussi nous en procurer une correspondante (Rom.6.5).

II. — Tout ceci deviendra plus clair par l'examen des relations que le Christ a soutenues avec les croyants, dans les différents actes de l'obéissance qu'il a rendue au Père pour les amener à la justice ; relations sur lesquelles nous nous arrêterons un peu, parce qu'elles servent à montrer l'influence, non seulement de la résurrection de Christ, mais aussi de son ascension, de sa séance à la droite du Père et de son intercession, sur la justification des croyants, et sur la fermeté de leur foi.

Or Jésus, dans tout ce qu'il a fait pour glorifier Dieu par le salut des pécheurs, a agi devant le Père sous le double caractère de *garant* ou *caution,* et de *substitut* ou de *représentant* des pauvres humains. L'Écriture nous le présente sous le premier de ces caractères en Hébreux.7.22, et sous le dernier, quand elle l'appelle le *second homme* ou le *second Adam* (1Cor.15.46). Reste à déterminer les actes que supposent ces deux relations, et quelles consolations la foi tire de l'accomplissement de ces actes.

Un *garant* ou une *caution* est une personne qui se lie à

la place d'une autre, comme Juda à l'égard de Benjamin (Gen.42.9), et s'engage à accomplir une tâche que s'est imposée cette dernière ou à payer une dette qu'elle a contractée. La caution est suffisante quand elle présente toutes les garanties nécessaires pour qu'on puisse être moralement sûr du succès de l'entreprise ou de la rentrée de la somme prêtée. Une fois les conditions du cautionnement accomplies, la caution et le cautionné, le garant et le garanti sont déchargés de leur obligation respective.

Un *représentant* ou *substitut* est celui qui agit au nom et en lieu d'une autre personne, qu'il représente légalement et juridiquement, soit en vertu d'un mandat qu'il a reçu de cette personne, soit parce qu'il a été établi pour cela par une autorité légitime. Tels sont, par exemple, les tuteurs par rapport à leurs pupilles, les avocats et les avoués par rapport à leurs parties, les fondés de pouvoir, les ambassadeurs, les gérants d'affaires, etc. Être substitut ou représentant d'une personne est donc quelque chose de plus que d'en être caution ; car, dans le dernier cas, on ne fait que s'engager à remplir la tâche d'un autre dans un cas particulier ; tandis que, dans le premier, on est tellement identifié avec son représenté ou son commettant, que tout ce que l'on fait, tout acte que l'on passe, tout l'honneur que l'on reçoit, comme aussi toute injustice que l'on souffre, sont imputés à celui-ci comme s'il eût agi lui-même, ou qu'on eût agi en sa faveur ou contre lui. Un mariage de prince, contracté par ambassade, est aussi valable que si le prince l'eût contracté en personne ; et c'est le client qui porte la peine des fautes de son avocat, comme les insultes faites à un envoyé rejaillissent sur le Roi qu'il représente. — Tel était le caractère du premier Adam, et c'est ce qui explique les suites funestes de sa chute. L'humanité était en quelque sorte dans ses reins comme Lévi en ceux d'Abraham; et quand il fut dîmé par Satan, tous les hommes l'ont été en lui, leur représentant, comme Lévi fut dîmé en Abraham par Melchisédec.

Or, afin que les croyants fussent justifiés *légalement* ou selon les règles de cette équité et de cette droiture qui caractérisent toutes les œuvres du Seigneur (Psa.111.7), Jésus est entré dans son ministère de réconciliation sous le double titre de Garant de la nouvelle alliance et de second Adam; de la même manière que, pour montrer la plénitude de son amour envers les croyants, il prend les titres d'époux, de frère, de berger, etc., chacun de ces titres suppléant à ce que la faiblesse de la foi pourrait trouver d'insuffisant dans les autres pour obtenir une pleine consolation. Dieu, en constituant Christ tout à la fois caution et substitut de son Église, a eu l'intention d'asseoir la foi sur deux fondements solides : Il a légalisé, pour ainsi dire, la justification de ses enfants, de manière à mettre hors de cause tous les accusateurs qui oseraient ouvrir la bouche ou remuer la langue contre le peuple de sa dilection; et de manière à confirmer ce dernier dans l'assurance du don de la justice : chacune des deux relations de Christ avec son Église étant le complément de l'autre, et formant comme un double rempart autour de la ville de Dieu pour écarter tous les traits enflammés du Méchant. Mais entrons plus avant dans cette forteresse, et voyons si l'âme du croyant peut s'y tenir dans un plein repos.

I. — *Jésus a été fait le garant d'une meilleure alliance* ou *disposition* (Hébr.7.22), c'est-à-dire de l'alliance qui est appelée la *Nouvelle*, et qui a succédé à cette alliance mosaïque de laquelle l'Apôtre cherche à détacher les Hébreux. La garantie de cette dernière reposait sur l'observation des institutions données par Moïse au peuple d'Israël, et les bénédictions dont elle avait les promesses devaient être le fruit de l'obéissance des créatures qui avaient consenti à y entrer, comme nous le voyons dans une foule de passages du Lévitique et du Deutéronome. Mais la Loi étant sans force devant la corruption de l'homme, une bénédiction réelle ne pouvait surgir pour lui d'une alliance *légale,* ou dans laquelle Dieu traite avec sa créature sans aucun égard à la déchéance de celle-ci (déchéance dont il n'est point la cause), et lui propose des conditions dont l'accomplissement est indispensable pour que Dieu remplisse celles qu'il s'est lui-même imposées. Aussi Dieu, ayant résolu de glorifier des pécheurs, n'est point entré primitivement en relation avec eux, mais il leur a établi un Chef, uni d'une manière ineffable à leur nature et à la sienne, dans une seule personne qui s'est volontairement engagée à remplir en leur lieu et place toutes les conditions exigées pour leur glorification ; c'est-à-dire, d'un côté, à obéir à toute la loi de Dieu, et de l'autre, à souffrir la peine de toute transgression de cette loi sainte. C'est ainsi que Jésus est devenu le garant ou la caution de cette assemblée de pécheurs, que le bon plaisir de Dieu a été, de tout temps, d'amener à une intime participation aux joies du Ciel. Jésus-Christ s'est porté caution solidaire, envers le Père qui les avait choisis, du plein et entier accomplissement des choses auxquelles devait être attaché leur droit d'entrée dans le royaume céleste ; et c'est là ce qui a été la cause de son incarnation, de sa mort et de son retour à une vie nouvelle.

Présenter à Dieu cette garantie était plus que s'offrir purement comme Médiateur ou Intercesseur ; car ces charges n'impliquent pas proprement la nécessité d'une obéissance ou d'une souffrance, tandis que Jésus a pris sur lui-même ces deux charges à notre place, et que les deux autres n'en sont que les suites ou la conséquence. Même Christ, comme caution ou garant, s'est engagé à plus qu'on ne le fait ordinairement au milieu des hommes lorsque l'on s'impose cette obligation. Car, par exemple, en cas d'emprunt, on saisit d'abord le débiteur et ensuite la caution ; tandis que Jésus, dans son grand amour, a pris la chose tout à sa charge ; tellement que la justice de Dieu n'a plus de recours contre nous. C'est ce fait plein de consolation que Paul rappelle (2Cor.5.19,21), et qui établit la fermeté de l'alliance de grâce, la sûreté de la justification du croyant, et en même temps la grandeur de l'amour de Dieu envers les pécheurs. Là nous voyons *Dieu en Christ, réconciliant le monde avec soi ;* comment cela ? en *faisant être péché* c'est-à-dire sacrifice pour le péché) *celui qui n'avait point connu le péché, afin que nous devinssions justice de Dieu en Lui.* Notre péché a été imputé, ou mis en compte à Christ ; Il en a été chargé, et ainsi nous en sommes déchargés. La justice de Dieu s'étant exercée sur lui comme s'il eût été le seul pécheur, reste impuissante à l'égard des croyants, sinon pour concourir, d'accord avec la grâce, à les sauver et à les bénir. — L'Apôtre nous prêche les mêmes doctrines, Rom.5.6-10 ; Coloss.1.19-22. Ici, comme on le voit, Christ est une caution plénière ; et c'est avec lui seul que traite notre céleste créancier. Nous ne sommes ici pour rien, Christ s'étant chargé de tout. La teneur de l'alliance n'est pas que Christ ou bien nous, aurons à satisfaire aux exigences de la loi divine ; mais tout retombe sous la responsabilité de Celui qui a dit : *Tu n'as point voulu de sacrifices ni d'offrandes* (de la part de l'homme, bien entendu), *alors j'ai dit : Me voici, ô mon Dieu, pour faire ta volonté* (Hébr.10.5-7).

Si maintenant nous considérons Jésus ressuscité sous ce caractère de caution ou de garant, nous y trouverons un premier et solide argument pour justifier la confiance triomphante que Paul exprime dans les paroles que nous méditons. C'est déjà un grand sujet de consolation pour un pécheur croyant, que d'apprendre l'arrestation et le jugement de Celui que le Père a agréé comme répondant de la dette de l'homme (Esaïe.53.8). Au moins le pécheur a-t-il l'espoir que son garant ayant été saisi et mis en prison, lui pécheur sera libéré de toute poursuite ; car il sait quelle est l'excellence de ce garant, et quel est le sang qui a coulé pour son offense. Mais Jésus s'est-il acquitté de sa charge à la satisfaction de ce Dieu dont les droits, à l'égard des pécheurs, sont inaliénables ? La grâce et la paix, retenus dans le sein du Très-Haut par les saintes et sacrées exigences de sa justice, peuvent-elles couler comme un fleuve et inonder de leurs bienfaisantes eaux les consciences souillées par le péché ? Est-il bien prouvé que, dans la mort de Christ, Dieu a respiré une odeur d'apaisement et a dit comme au temps de Noé : *Je ne maudirai plus* ? (Gen.8.21). C'est à quoi répond la résurrection du garant de la nouvelle alliance. Aussi, afin de consoler les fidèles, Paul leur assure-t-il que Christ, *après avoir été offert une seule fois pour ôter les péchés de plusieurs, apparaîtra une seconde fois sans péché pour le salut de ceux qui l'attendent* (Hébr.9.28). Ce qui doit réjouir les fidèles, c'est que leur garant est *vivant* puisqu'il *apparaîtra*, et qu'il *a ôté le péché*, puisqu'il sera vu *sans péché*. Mais il y a ici une instruction importante à recevoir, c'est que l'assurance du salut final dépend de ce que Jésus soit *sans péché*, et que nous sachions comme une chose certaine qu'il est réellement et entièrement déchargé de la peine que nous avons encourue. Or le voir encore mort et enseveli ne nous suffit pas pour cela, puisque la mort est le gage du péché, comme la prison est la demeure de la caution qui n'a pas satisfait au paiement d'une dette. Il faut donc quelque chose de plus que la croix et le tombeau de Christ pour pacifier pleinement la conscience, et nous assurer qu'il n'y a plus maintenant aucune condamnation pour nous.

Or, ce qu'il nous faut de plus, nous le trouvons dans la résurrection ; en même temps que l'une des raisons du *bien plus* de l'Apôtre. Jésus étant sorti du tombeau où l'avait renfermé le jugement de Dieu, et ayant repris cette vie qu'il avait donnée pour ses brebis, est une preuve sans réplique qu'il a subi toutes les conséquences et porté la peine du péché ; comme l'acte de relâcher une caution est une preuve évidente qu'il n'y a plus lieu pour elle à être poursuivie pour dette. — Dieu ayant saisi, condamné et fait descendre le corps de son Bien-Aimé dans la tombe et son âme dans le lieu invisible, Jésus ne devait sortir de cette demeure qu'après avoir tout payé jusqu'au dernier quadrain. Les chaînes de la mort l'eussent lié, le joug de nos iniquités l'eût tenu serré (Actes.2.24 ; Lam.1.14) et la main de fer de cette première malédiction : *Au jour que tu en mangeras tu mourras de mort* (Gen.2.17), l'eût renfermé de nouveau dans les profondeurs du sépulcre, s'il eût tenté d'en sortir avant d'avoir épuisé la coupe qui lui était assignée. Christ ne pouvait s'échapper de prison, lié qu'il était non seulement par l'amour, mais encore par la colère de Dieu. Mais s'il est vraiment ressuscité, quelle conséquence en tirer, sinon que tout est accompli, que la loi est satisfaite, l'obligation qui était contre nous, déchirée, la malédiction ôtée et la mort détruite ? Comment en douter après une pareille victoire et ne pas se joindre au chant de triomphe de l'Apôtre des Gentils, qui, après avoir parlé de l'aiguillon de la mort qui est le péché, aiguillon brisé par la victoire du Fils de l'homme sur le sépulcre, s'écrie : *Grâces à Dieu qui nous donne la victoire par Jésus-Christ* (1Cor.15.55-57). Oui, le croyant est maintenant LIBRE en son Chef et son garant. Il en a fini avec l'exacteur et le créancier qui le saisissait impitoyablement à la gorge en lui disant : *Paie-moi ce que tu me dois* (Matth.18.28). Non seulement Christ *a porté en son corps sur le bois les péchés* de son peuple (1Pierre.2.24) ; non seulement Il s'est soumis au juste jugement de Dieu pour détourner ce jugement de dessus l'âme des pécheurs qu'il voulait sauver, subissant ainsi à *leur place* la sentence portée contre les mauvaises œuvres, et payant l'amende encourue par les transgresseurs : mais après avoir souffert, il s'est montré vivant à ses disciples ; après avoir été renfermé dans le plus horrible des bagnes, vêtu du costume des condamnés, il en est sorti avec de nouveaux vêtements, laissant dans son sépulcre les linceuls qui enveloppaient son cadavre. Ainsi il est évidemment acquitté ; la loi est muette devant lui ; l'accusateur est réduit au silence ; son bâton s'est brisé sur les épaules de l'homme puissant ; et les croyants, recueillant les fruits de cette œuvre, peuvent répéter avec Paul : *Qui condamnera ? Christ est celui qui mourut et bien plus, qui ressuscita !*

II. — Ainsi Jésus ressuscité comme garant de la nouvelle alliance, est un fait qui atteste l'efficace de sa mort pour éteindre toutes les foudres de la loi. Mais comment cette résurrection est-elle pour nous un témoignage de notre justification, ou de notre droit à la vie éternelle et à toutes les bénédictions de la nouvelle alliance ? C'est la seconde question à laquelle nous avons à répondre, et cette réponse se trouve en Jésus ressuscité comme notre substitut, ou comme second Adam. Pour l'entière satisfaction de nos lecteurs, nous étendrons un peu nos réflexions sur ce sujet, et afin de procéder avec ordre, nous montrerons : 1° que Christ a été établi par le Père comme notre représentant dans tous ce qu'il a fait, et particulièrement dans sa résurrection ; 2° quelle influence cette résurrection de Christ, en tant que second Adam, exerce sur notre justification.

1° — Tout Chrétien sait et confesse que le premier Adam était considéré de Dieu comme le Chef et le représentant de toute sa postérité. Ses actes n'étaient pas individuels ou personnels ; mais de telle nature que leurs conséquences devaient s'étendre jusqu'aux dernières feuilles de l'arbre dont il était le tronc. Ainsi ses descendants auraient tous été bénis en lui, s'il eût persévéré dans l'obéissance ; de la même manière qu'ils sont tous devenus en lui sujets au péché, à la misère et à la mort. En cela, c'est-à-dire, dans l'influence de son obéissance ou de sa désobéissance sur ceux qui devaient sortir de lui, l'Apôtre nous apprend qu'*il était le type de celui qui devait venir* (Rom.5.14) ; et c'est là ce qui explique pourquoi Paul (1Corinth.15.47), voit en quelque sorte l'humanité tout entière renfermée dans l'existence de ces deux hommes : le premier, qui est de la terre ; et le second, Christ, le Seigneur qui est du Ciel. En parlant de la justification et de la résurrection (Rom. ch. 5 et 1Cor. ch. 15) il raisonne comme si jamais la terre n'eût porté ou ne dût porter d'autres individus que les deux Adams. Et pourquoi cela ? sans doute parce que les destinées de l'humanité se résolvent dans les destinées de l'un et de l'autre, quoique d'une manière bien différente quant à l'issue de toutes choses (Rom.5.12-19). Adam est la souche de tous ceux qui sont nés de la chair, et Christ de tous ceux qui naissent de l'Esprit : aussi du premier est-il dit qu'il est de la terre, et du second qu'il est du Ciel (1Cor.15.47-48). Tous les deux sont des personnes publiques, des actes desquelles la responsabilité s'étend à un grand nombre d'individus.

Nous ne ferons pas ici le parallèle du premier et du second Adam, parce qu'il est assez connu de nos lecteurs. Mais ce que nous tenons à bien faire remarquer, c'est que, d'après les passages que nous avons cités plus haut, si Adam est type de Christ, dans son caractère général, ou comme représentant d'une famille, les actes d'Adam, son péché, sa condamnation, sa misère ayant été imputés à sa postérité, il s'ensuit, par une conséquence rigoureuse, que les actes de Christ, son humiliation, son obéissance, sa mort, sa résurrection et sa gloire, sont ou seront imputés à tous ceux desquels Christ sera le représentant. C'est ce que Paul établit avec beaucoup de détails et de force d'expression dans Rom. ch. 5 et 1Corinth. ch. 15, auxquels nous avons déjà renvoyé nos lecteurs. Ainsi non seulement le Seigneur Jésus a été établi du Père, caution et répondant de son peuple, mais encore il existe entre lui et ce dernier une telle union d'intérêts, que tout ce que Christ fait, souffert ou reçu, est regardé de Dieu comme l'œuvre, la souffrance ou la propriété de ce peuple béni. Et c'est en vue de cela que l'Église est dite *être de la chair et des os de Christ* (Éphés.5.30). Il n'existe pas de relation plus intime entre deux êtres que celle qui unit le Sauveur à son peuple. Comme Christ est appelé le Chef ou la Tête de l'Église, celle-ci est appelée l'accomplissement de Christ (Éphés.1.23).

Lors donc que Christ mourut, Dieu a considéré les croyants comme *morts avec lui* (Rom.6.10,14). Le sens du commencement de ce chapitre est fort clair si l'on se souvient de ce fait consolant. En eux-mêmes les croyants ne sont pas morts à cause du péché, ni au péché, mais ils moururent jadis en leur Chef, avec lequel leur vieil homme a été mis à mort en la croix ; et en Jésus ils ont donné leur vie ou leur sang, afin de faire l'expiation de leurs iniquités. La puissance du péché étant la loi (parce qu'elle l'excite lorsque nous sommes encore sous son joug (Rom.7.5,11), et la loi ayant été satisfaite, Christ est en règle vis-à-vis d'elle : *Il est quitte du péché*, et nous devons nous en estimer quittes ou justifiés en lui. L'Apôtre va encore plus loin dans son raisonnement sur cette matière. Non seulement, dit-il, Christ mourut à cause du péché, mais *il est maintenant vivant pour Dieu, et étant ressuscité des morts, il ne meurt plus, la mort n'ayant plus d'empire sur lui* : ainsi ne vous estimez pas seulement morts en lui, mais vivants comme lui et en lui. Car de même que vous avez reçu sa mort comme la vôtre, vous avez aussi communion dans sa résurrection. Telle est la doctrine de Paul dans le ch. 6 de Romains ; et toute âme chrétienne comprendra combien elle est sanctifiante, puisqu'elle revient à ceci : c'est que les croyants ont reçu une vie nouvelle par la foi au Sauveur ressuscité (comme il le montre aussi dans le ch. 2 de Colossiens), et qu'en conséquence leur vie doit être celle de gens qui sont sortis du tombeau et qui vivent comme Christ et en Christ. Mais ce qui fait l'essence ou la base des raisonnements de l'Apôtre, c'est que Christ est le représentant de son peuple, comme Adam du sien, chose démontrée dans le chapitre précédent ; et que tous les croyants sont considérés comme tellement identifiés avec lui, que sa mort est leur mort, et sa résurrection leur résurrection.

Nous trouvons encore ailleurs, et spécialement dans 1Corinth. ch. 15, des preuves de ce caractère représentatif, de cette charge de personne publique dont le Christ a été revêtu. C'est de la résurrection de *Christ les prémices*, que l'Apôtre conclut que tous *ceux qui sont de Christ seront vivifiés à son arrivée* (v. 21) ; comme il avait dit auparavant que *Christ est ressuscité d'entre les morts et qu'il est devenu les prémices de ceux qui dorment* (v. 20). Il fait ici allusion à Lévit.23.10, etc., ou à la fête des premiers fruits. Afin que tout le rapport d'un champ fût consacré au Seigneur, on en présentait, quelque temps avant la récolte, une gerbe qui était tournoyée devant l'Éternel, et qu'on appelait les *prémices* du champ : et la présentation de cette gerbe sanctifiait toute la masse (Rom.11.16). Cette cérémonie était un type de la résurrection et de l'ascension de Christ, dans sa qualité de second Adam. Quand nous étions morts dans nos fautes, et morts dans le Christ, Celui-ci est ressuscité comme prémices de son Église tout entière, qui peut ainsi se voir vivante avec lui et en lui. Les saints qui sont entrés en paix dans leurs sépulcres, et qui se reposent de leurs travaux, ont en lui un garant de leur retour à la vie quand il reviendra chercher son Église : *car il est les prémices de ceux qui dorment*, de la même manière qu'Adam a été les prémices de la mort pour le monde (1Corinth.15.20-21).

2° — On voit donc que Jésus, comme *premier-né d'entre*

les morts (Coloss.1.18), a été considéré du Père sous le caractère de représentant de son Église, à l'égard de laquelle il est, comme seul juste, ce qu'est ou ce qu'a été à l'égard de tous et comme transgresseur, le premier homme créé. Or, pour juger de la consolation et du triomphe de la foi dans ce fait si bien établi par les Écritures, il s'agira maintenant d'en prouver deux autres. Le premier, que Christ a dû être justifié et qu'il l'a été dans sa résurrection ; le second, que c'est en tant que personne publique qu'il a été justifié, et qu'ainsi nous l'avons tous été en lui.

a) En général, et pour l'ordre comme pour la justice, quand il s'agit d'une dette importante ou d'une accusation qui entraînerait après soi quelque conséquence fâcheuse, lors même qu'elle se trouverait ensuite être fausse, un acte positif et légal, soit de décharge, soit d'acquittement, est ordinairement jugé nécessaire et convenable. Un verdict de justification, lorsqu'un homme est reconnu non coupable de ce dont il avait été prévenu, se rend aussi publiquement que le verdict d'accusation ; et personne n'a été poursuivi pour une dette, sans demander, après paiement, quelque certificat juridique qui constatât ce dernier, et qui le mit lui-même à l'abri de toute poursuite ultérieure. Paul, emprisonné par ordre des magistrats de Philippes, ne voulut pas, pour l'honneur de l'Évangile, être mis secrètement en liberté (Actes.16.37) mais exigea qu'un acte public effaçât, pour ainsi dire, la tache qu'un acte préalable de ce genre avait imprimée sur les messagers du Seigneur. — Il est donc naturel

de supposer que Dieu, *ayant fait venir sur Christ les iniquités de nous tous*, et l'ayant jugé et condamné à notre place
(Ésaïe.53.6,8) n'a pas rendu contre son Bien-Aimé une sentence
publique à la vue des hommes et des Anges, sans lui rendre
ensuite publiquement justice, et le déclarer net de tout ce
qui avait été mis à sa charge.

Et dans le fait, comme nous l'avons déjà remarqué plus
haut, Christ, après *avoir* PORTÉ LES PÉCHÉS *de plusieurs, apparaîtra une seconde fois* SANS PÉCHÉ (Hébr.9.28) ; passage qui indique
un dessein arrêté en Dieu, de montrer sans péché au monde
Celui qui une fois a été vu du monde, portant sur son âme
le triste fardeau du péché. Ainsi, lors même que nous ne
saurions pas que Dieu a déjà glorifié son Fils Jésus d'une
manière solennelle, ces paroles seules suffiraient pour le
prouver. Mais si Dieu a renvoyé l'heure de la manifestation
de la vie et de la gloire du Christ à tout le monde, jusqu'au
moment du jugement des vivants, il n'a pas voulu que son
Église demeurât privée de la joie qu'elle devait recueillir de
la justification de son Chef ; ni moins encore laisser l'âme
du Rédempteur dans ce sépulcre d'où son Esprit avait annoncé à diverses fois qu'elle ne tarderait pas à sortir. Aussi
Jésus a-t-il brisé au troisième jour les liens de la mort, et
a-t-il été manifesté, non à tout le monde, mais aux disciples
qui devaient être témoins de sa résurrection (Actes.10.39,42) et
l'annoncer à toute créature. Et l'Église sait maintenant que
son Représentant a laissé les derniers vestiges du péché
qu'il avait pris sur lui, dans la tombe où le péché l'avait fait
descendre. Dieu l'ayant ramené à la vie, a protesté par là

qu'il n'y avait plus aucun de nos péchés en lui, puisque le salaire du péché c'est la mort, et que la mort eût gardé sa proie si elle avait trouvé en Jésus un seul de ces péchés dont Dieu ne l'eût pas justifié.

C'est pour cela qu'il est écrit que Christ, *Dieu manifesté en chair, a été justifié par l'Esprit* (1Tim.3.16). *Venu en forme de chair de péché et pour le péché, Dieu a condamné le péché en la chair, afin que la justice de la loi fût accomplie en nous* (Rom.8.3-4) ; c'est-à-dire que Jésus a souffert la condamnation et la mort, salaire de tout péché en la chair, et Dieu a jugé lui-même le péché en la propre personne de son Fils, afin que nous eussions une parfaite justice aux yeux de la loi. Mais un acte de justification a suivi cet acte de condamnation : et celui-là s'est opéré par la puissance du Saint-Esprit, qui est dans le Père et dans le Fils, et qui a *vivifié Christ* (1Pierre.3.18 ; voyez aussi Rom.1.4 ; 8.11). Ainsi Jésus a été *justifié par l'Esprit*, après avoir été condamné comme coupable ; et c'est l'espoir de voir bientôt sa justice manifestée par la résurrection, qui lui a dicté le langage qu'il tient dans la prophétie d'Ésaïe ch. 50 (prophétie que nous avons déjà examinée), et dans les Psaumes 16, 22 et 69, à la fin. — Ce qui vient encore à l'appui de ces vérités, c'est le point de vue sous lequel le Saint-Esprit envisage la résurrection de Christ par rapport à Christ lui-même (voyez Actes.13.35 ; Romains.1.4). Ici cette résurrection est présentée comme preuve de la filiation de Jésus qui, quoique déclaré Fils de Dieu dans son baptême et sa transfiguration, ne l'avait été que par anticipation, puisque, dans les jours de sa chair, il paraissait être tout autre chose ; et qu'en effet il avait pris la forme vile de serviteur. Sa résurrection a donc été pour lui comme une justification de ce titre qui l'avait fait insulter par les Juifs et condamner par le Sanhédrin quand il avait voulu le prendre en leur présence. Et en cela il est un avec les siens, dont la justification suit immédiatement leur régénération qui est une sorte de résurrection spirituelle.

Nous ajouterons à ceci, qu'une fois ressuscité, Jésus passa dans une nouvelle vie. Son corps devint spirituel, puisqu'il entrait dans les chambres fermées et se transportait subitement d'un lieu à l'autre. S'il conserva des relations avec les hommes, ce ne fut plus qu'avec ses saints, avec ceux qui étaient déjà nets à cause de la parole qu'il leur avait annoncée. Les jours de souffrance furent passés pour lui, et Satan vaincu n'eut plus la permission de le tenter ; preuve que le sépulcre avait gardé toute l'iniquité qui lui avait été imputée, et que nos péchés qu'il avait faits siens étaient enfouis dans les parties les plus basses de la terre où il était descendu et d'où il était remonté par la gloire du Père.

b) La résurrection de Christ a donc été la preuve authentique qu'il n'existait plus de péché mis sur lui, et que le second Adam, venu dans l'humiliation, afin de souffrir et de mourir pour la transgression du premier, avait fait à cet égard la volonté du Père et amené la justice des siècles. Et cette preuve subsiste pour nous ; car *Christ étant ressuscité des morts, ne meurt plus et la mort n'a plus d'empire sur lui* (Rom.6.9). Mais si Jésus a été justifié quand il a brisé les liens de la mort; si maintenant on ne peut lui imputer aucun péché, ni le condamner; s'il est aussi certain que, comme fils d'Adam, il a été déclaré Fils de Dieu en puissance, qu'il est certain que le Père l'a rappelé à la vie; il en résulte nécessairement que tous les croyants sont dans la même position que lui et justifiés comme lui. — Nier cette conséquence, serait rompre les liens qui unissent Christ à son peuple, et séparer ce que Dieu a joint de la manière la plus intime. Si les élus sont ressuscités avec Christ, ils sont aussi nécessairement justifiés que Christ l'a été lui-même; et si l'on ne peut pas douter que, Christ étant les prémices, ceux qui sont de lui ne soient vivifiés à son arrivée, on ne peut pas plus révoquer en doute la participation des fidèles à sa justification, qu'à sa résurrection. — Au reste, c'est la règle des actes de Dieu envers son Église. Elle ne reçoit que ce que Christ a reçu le premier; elle n'est considérée comme agissant qu'en Christ, comme élue, accomplie, sanctifiée et participante des promesses de Dieu qu'en lui et par lui; car il est le seul sur lequel Dieu puisse compter pour l'accomplissement de ses volontés, pour la conservation de ses grâces, et pour l'exécution de ses desseins. Mais aussi, tout ce qui est de Christ est à elle, et *tel qu'il est, telle elle est aussi en ce monde* (1Jean.4.17). Ainsi comme lorsque Christ mourut, elle mourut en lui, et qu'en lui aussi elle ressuscita, elle a donc été justifiée dans sa résurrection. *Vous êtes rendus parfaits en lui qui est le chef de toute principauté et puissance*, dit le Saint-Esprit par la bouche de Paul (Coloss.2.10); et ailleurs: *Dieu nous a bénis de toute bénédiction spirituelle en Jésus-Christ* (Éphés.1.3).

Tout ceci deviendra plus évident encore, si l'on considère qu'Adam étant type de Christ, la justification a dû venir sur l'homme de la même manière que la condamnation, sans quoi le type ne serait pas exact. Or la sentence de condamnation a été prononcée sur tous en Adam (Rom.5.12-19) ; et si Dieu a pu renfermer une foule innombrable d'individus dans la sentence qu'il a portée contre un seul, n'est-il pas naturel qu'il justifie aussi d'une manière analogue tous ceux que Christ représente, sa postérité, ses élus ? Si, dans son péché et sa condamnation, Adam a été considéré comme homme public, certes, à plus forte raison, Christ a dû l'être dans sa justice. Car personnellement Christ était sans péché, et n'ayant pas besoin d'être condamné, il n'en avait pas non plus d'être justifié ; et s'il l'a été, c'est à la place d'autrui et comme homme public ; tandis qu'Adam méritait avec justice la malédiction dont il a été frappé, et dont nous avons été frappés en lui, puisque dans sa personne il était coupable. Au reste, c'est là la clef du parallèle que Paul fait entre les deux Adams au ch. 5 des Romains, et particulièrement au verset 18. Toutes les pensées de Paul se réduisent à ces deux : 1°, condamnation en Adam et justification en Jésus ; 2°, mais la justification en Jésus est plus abondante que la condamnation en Adam, parce que Jésus est un don de la grâce de Dieu. Dans la mort de Christ, *le juste souffrit pour les injustes*, comme le dit l'apôtre Pierre ; mais si ce juste a été justifié dans sa résurrection, ce sera donc pour les injustes qu'il représentait devant Dieu.

Notre justification en Christ est donc une chose certaine

et digne d'être reçue avec une entière confiance. Celui que Dieu avait établi comme notre garant, a été acquitté publiquement et honorablement de la dette dont il s'était déclaré responsable. Celui qui avait mandat divin d'accomplir toute justice à notre place, a fait *tout ce qu'il fallait faire envers Dieu pour la propitiation des péchés de son peuple* (Hébr.2.17). Après avoir souffert une sentence juridique de mort par le conseil déterminé de Dieu et en lieu et place de ce peuple, il a été justifié par un acte solennel, passé en présence du ciel et de la terre, de tout le péché qui avait été mis à sa charge. Sa justice a été mise en évidence, et l'heureuse race qui a été unie à lui ne peut pas plus être condamnée qu'il ne peut l'être lui-même, quoique les accusateurs soient nombreux, les accusations formidables et surtout trop fondées en raison. *Il n'y a plus de condamnation pour ceux qui sont en Christ,* (Rom.8.1); et pour les condamner il faudrait commencer par Celui qui est leur Chef; mais qui l'oserait, qui le pourrait, puisque le Père l'a justifié en le vivifiant par l'Esprit?

Lecteur, avez-vous reçu Jésus comme déclaré Fils de Dieu en puissance par sa résurrection d'entre les morts? Avez-vous rendu à Dieu cette obéissance de la foi, à laquelle il appelle tout pécheur? Votre âme lui a-t-elle donné gloire en croyant au témoignage qu'il a rendu de son fils? Alors ne craignez pas de triompher avec Paul, et de laver votre conscience dans la mort de Celui qui est maintenant vivant aux siècles des siècles; car c'est un privilège et un devoir pour vous à qui Dieu a révélé son Bien-Aimé. Si de cœur vous avez cru à la justice, cette foi vient de *l'efficace de Dieu qui a ressuscité Jésus d'entre les morts* (Coloss.2.12) ; elle est un résultat de votre propre justification dans cette résurrection. Le Seigneur Jésus a ainsi découvert ce qui était caché pour vous en Lui, depuis qu'il est rentré dans la gloire ; et il vous a appelé, par son Évangile, au temps marqué dans les décrets éternels, afin que vous connussiez quel amour le Père a eu pour vous et ce qui vous a été préparé dans le Bien-Aimé. Comme votre premier péché a été une manifestation de votre condamnation en Adam, votre premier regard sur Jésus est une manifestation de la bonne volonté de Dieu de vous justifier en lui. Si donc il vous a été donné de croire en Jésus, réjouissez-vous en Jésus mort pour vos offenses et ressuscité pour votre justification ; glorifiez la justice parfaite du Sauveur en vous en revêtant, et en rendant grâces comme Israël le fera un jour (Ésaïe.61.10) ; exaltez cette justice en la saisissant comme un bouclier pour repousser les dards enflammés de l'accusateur des frères, pour éteindre les foudres de la loi, et pour briser l'aiguillon de la mort. C'est ainsi que vous garderez la paix de l'âme, et que vous ferez l'expérience de ce que c'est que posséder une bonne *conscience devant Dieu par la résurrection de Notre Seigneur Jésus-Christ* (1Pierre.3.21).

4

Triomphe de la foi dans le siège de Jésus à la droite de Dieu.

Qui même est à la droite de Dieu.

Romains 8.34.

La résurrection du Seigneur a été suivie de son ascension et de son investiture solennelle de la toute puissance dans les cieux et sur la terre ; puissance que l'Écriture nous présente sous une image terrestre, savoir la séance de Jésus à la droite de Dieu. Le premier de ces deux événements, l'ascension de Christ, n'est pas ici mentionné, quoiqu'il le soit ailleurs et à plusieurs reprises par l'Esprit Saint, parce qu'il n'a pas de rapport direct avec la justification des fidèles ; non que du reste il ne soit d'une grande importance dans ce qui regarde la gloire de Christ. Ainsi nous ne nous y arrêterons que pour faire observer à nos lecteurs l'existence même du fait de l'ascension, qui forme une liaison entre la résurrection et la glorification de Christ dans les lieux célestes. Christ, après avoir triomphé de la mort et du sépulcre, *est entré dans le ciel même* (Hébr.9.24) : Il n'est demeuré dans le lieu de son humiliation que le temps nécessaire pour constater sa résurrection, et pour instruire ses disciples touchant diverses choses relatives au royaume de Dieu (Actes.1.3) : et au bout de quarante jours, selon ses paroles, il a laissé le monde et s'en est allé à son Père (Jean.16.28).

I. — En quoi cette entrée de l'Homme-Dieu dans les lieux saints qui ne sont point faits de main, est-elle propre à faire triompher la foi ? C'est ce qu'il sera bon d'examiner brièvement, avant de parler de l'affermissement que donne à notre justification, la gloire dont Dieu a honoré Jésus en le faisant asseoir à sa droite au-dessus de toute principauté, puissance et domination (Éphés. 1, 20, 21). Or si nous nous souvenons du double caractère de Christ, il sera facile de saisir la puissante consolation qui découle de l'introduction auprès du Père, de Celui qui est à la fois le garant de la nouvelle alliance et le second Adam.

1º — Pour le comprendre, remarquons que, lorsque Jésus vint dans le monde, il y vint comme envoyé et serviteur du Père, chargé de la plus importante des missions, celle d'obéir et de souffrir avec une telle franche volonté, qu'en considération de son œuvre le Diable fût forcé de relâcher ses captifs, la justice divine cessât de les maudire, et toutes les compassions de Dieu pussent s'exercer à leur égard (voyez Esaïe.42.1-7) ; et Jésus avait consenti, bien plus il s'était lié solennellement à la volonté de son Père (Hébr.10.4-7). Ce passage est tiré du Psaume 40, dans lequel le Christ déclare au Père que son oreille a été ouverte ou percée, c'est-à-dire (selon

Exode.21.5-6), qu'il s'est constitué l'esclave de la volonté divine, qu'il a consenti à être *consommé par les souffrances* (Hébr.2.10). Ainsi le Fils de Dieu était sous le poids d'une obligation impérieuse (quoique volontairement contractée) d'accomplir une justice parfaite pour ceux que le Père voulait amener à la gloire. Sans cela il n'y avait point de salut pour le peuple élu, et point de gloire à attendre pour leur garant. — Mais que voyons-nous maintenant? Celui qui, pour un peu de temps, avait été fait moindre que les Anges, est élevé par la puissance de Dieu dans le séjour de la béatitude, il a traversé en triomphateur les portes éternelles, salué sans doute des alléluias de toutes les armées célestes dont il est le chef. N'est-ce pas là une preuve évidente de l'accomplissement de son message, et de la pleine satisfaction que le Père a reçue dans l'œuvre de son Bien-Aimé? Il est difficile de concevoir, en effet, que si Christ n'eût pas accompli la loi d'une manière complète, même jusqu'à un seul iota et un seul trait de lettre, la justice de Dieu eût souffert qu'il fut élevé à la place d'honneur. Le ciel eût été fermé à Jésus, ou il en aurait été renvoyé, s'il s'y fût présenté sans avoir achevé ce pour quoi il en était descendu. Christ ayant *pris la forme de serviteur* pour notre bien et pour la gloire du Père, ne s'était pas lié seulement à une partie de la volonté divine : et serviteur consciencieux, il n'eût pas osé reparaître devant la face de Celui qui l'avait envoyé, sans pouvoir lui dire déjà sur la terre : *J'ai achevé l'œuvre que tu m'avais donnée à faire* (Jean.17.4). Le Père, de son côté, n'eût pas ouvert les portes éternelles à son envoyé, si son oeil pénétrant avait pu discerner le moindre défaut et la moindre tache dans l'obéissance de Jésus. Mais Jésus ayant déclaré qu'il allait monter là ou il était auparavant dans sa divinité, et Dieu l'ayant reçu dans les célestes demeures, nul doute que l'œuvre du Rocher ne soit parfaite. Aussi le Sauveur en appelle-t-il à son retour au Père, comme à l'un des faits qui doit convaincre le monde de justice (Jean.16.9-10) ; c'est-à-dire :

1. de la justice du Père à l'égard de son Fils, justice à laquelle le supplice de Jésus avait semblé donner un démenti, puisqu'alors il avait été donné en spectacle au monde, et avait semblé abandonné du Ciel et de la terre ;

2. de la justice du Fils injustement condamné par les Juifs et les Gentils ;

3. enfin de la justice qu'il avait acquise à l'Église, et qui était constatée par son élévation.

Ainsi l'entrée de notre souverain Sacrificateur dans les cieux démontre clairement que le Père a pris son plaisir en lui à cause de sa justice, et que quant à lui (selon l'oracle de Daniel.9.24), *Il a consumé le péché, fait propitiation pour l'iniquité et amené la justice des siècles.*

2° — Et ceci est corroboré par cette considération que, dans son retour au Père, Christ a agi comme second Adam, aussi bien que comme garant de la nouvelle alliance.

Une de ses dernières paroles à ses disciples a été celle-ci : *Je vais vous préparer le lieu* (Jean.14.2). Ainsi, comme par la providence divine, Joseph fut envoyé en Égypte au-devant de ses frères pour conserver leur vie et leur préparer une place dans le pays de Goscen, Jésus est allé dans les cieux, afin d'y recevoir une demeure non seulement pour lui-même, mais aussi pour tous ses frères. Et quoique seul, il a pu tenir, en y entrant, le même langage que Léa, lorsqu'elle mit au monde Gad : *Une troupe est arrivée* (Gen.30.11) ; car, outre qu'il avait demandé au Père que ceux qui lui avaient été donnés fussent là où il était (Jean.17.24), le dessein éternel de Dieu avait été *d'amener en lui plusieurs enfants à la gloire,* (Hébr.2.10). Lors donc que le Père a gracieusement accueilli le Bien-Aimé qui revenait triomphant du combat où son amour l'avait engagé, ce n'a pas été seulement comme un serviteur obéissant, mais aussi comme Prince ou Chef d'une nation conquise sur Satan, comme Libérateur des captifs pris par l'homme puissant, captifs devenus ceux du Juste et associés à sa gloire : en sorte que Jésus n'a pas trouvé place pour lui seul dans les lieux célestes, mais aussi pour tous les siens, selon la parole qu'il leur en avait donnée, en disant : *Il y a plusieurs demeures dans la maison de mon Père* (Jean.14.2). Grande consolation pour ses élus qui n'ont plus besoin de craindre et de douter en demandant : *Qui montera pour nous au ciel ?* (Rom.10.6) ; car Christ l'a fait, et l'a fait dans le but de les y amener et comme prémices de ceux qui seront faits dignes d'obtenir la résurrection d'entre les morts.

Mais il y a plus : Le Saint-Esprit nous dit encore qu'il est *entré au-delà du voile comme notre précurseur* (Hébr.6.20), ou notre avant-coureur, expression qui marque l'intime liaison qui existe entre sa gloire actuelle et la nôtre, et la pleine certitude que les croyants doivent avoir d'être un jour là où il est, certitude aussi grande que celle qu'ils peuvent avoir de leur propre résurrection à cause de la résurrection de Christ ; puisque Christ est le type de l'homme glorifié, ou plutôt les arrhes de la glorification de cette Église dont il est la Tête, et sur laquelle rejaillit tout l'honneur qu'il a reçu du Père. Tellement donc que, si c'est afin de *préparer* aux siens une demeure éternelle qu'il est monté là-haut, c'est avant tout aussi pour *prendre possession* de cette demeure, comme celui qui mourut et qui ressuscita à notre place après avoir obéi pour nous sur la terre. Aussi est-il écrit que l'héritage incorruptible *est réservé dans les cieux pour nous qui sommes gardés par la puissance de Dieu* (1Pierre.1.4- 5). Les demeures éternelles sont encore vides de leurs futurs habitants ; mais leur précurseur a été mis par avance en jouissance du superbe palais réservé à chacun des membres de son corps spirituel ; et chacun de ces cabinets est, pour ainsi dire, marqué d'avance du Nom de son heureux possesseur. Peut-être est-ce là l'un des sens de ce passage : *Les premiers-nés dont les noms sont écrits dans les cieux* (Hébreux.11.23) ; mais toujours est-il vrai que Christ, en entrant dans les lieux saints qui ne sont point faits de main, l'a fait au nom et à la place de son peuple, comme homme public ; et qu'ainsi, déjà ressuscités en lui, tous ils ont franchi avec lui le seuil de ces demeures où il est adoré et servi par des mille milliers d'Anges, et où il attend ce qui reste, savoir que ses ennemis soient mis pour son marchepied.

Ainsi toute l'Église, quoique sur la terre, est maintenant dans les lieux célestes en Christ ; non seulement elle est affranchie de la loi du péché et de la mort et déclarée juste, mais elle est élevée dans le séjour de la gloire. La captivité a été emmenée captive lorsque le Fils de l'homme est monté en haut (Psa.68.18) ; et chaque croyant a son droit de bourgeoisie dans les cieux (Philip.3.20), droit que personne ne peut lui contester ni lui ôter, puisque l'héritage est entre les mains de son représentant.

II. — Portons maintenant nos regards sur la place que Jésus occupe dans les lieux célestes, et nous verrons si ce n'est pas en toute justice que la foi peut triompher en ce puissant Sauveur. Les bons anges y ont une place comme lui ; les mauvais anges, qui sont les malices spirituelles, n'en ont pas encore été chassés, comme Paul nous l'apprend (Éphés.3.10 ; 6.12) ; et si Jésus n'y avait pas le siège le plus honorable, la consolation des enfants de Dieu ne serait pas parfaite. Mais *auquel des anges Dieu a-t-il jamais dit : Assieds-toi à ma droite jusqu'à ce que j'aie mis tes ennemis pour ton marchepied ?* (Hébr.1.13) En effet, Jésus est autant élevé dans les cieux au-dessus de ces *esprits administrateurs*, que, dans sa résurrection, il a reçu un nom plus excellent que le leur ; (comparez Hébr.1.5, avec Act.13.33). Car *après avoir fait par lui même la purification de nos péchés, il s'est assis à la droite de la majesté dans les lieux très-hauts* (Hébr.1.3), selon l'ordre qu'il en a reçu du Père (Psa.110.4). Remarquez ces deux expressions : *Il s'est assis*, et il s'est assis *à la droite de Dieu* ; c'est là ce qui fait tressaillir le cœur de

Paul dans notre texte. Oh ! si celui de tout fidèle pouvait vibrer comme le sien ! Mais justifions le transport de l'Apôtre ; et considérant toujours Jésus sous son double caractère, recueillons les fruits précieux qui naissent pour nous de sa séance sur le trône du Père. Il est à peine besoin de remarquer que cette manière de parler est empruntée des usages anciens (1Rois.2.19 ; Psa.45.9), et qu'elle représente figurément la gloire dont Jésus a été couronné dans notre corps ressuscité, et l'insigne faveur dont il jouit auprès du Père qui lui a remis ainsi tout pouvoir de juger. Voyez Éphés.1.20-22 ; Philip.2.9 ; 1Pierre.3.22.

1° — Or en tant que garant de la Nouvelle Alliance, Christ nous offre deux grands sujets de joie par la place qu'il occupe maintenant au ciel. D'abord il y est *assis ;* et cela par opposition à sa situation précédente qui était de *travailler* (Jean.5.17).

[Jésus tient aux Juifs ce langage pour leur faire sentir que leur sabbat, pour l'observation duquel ils montraient un zèle si amer, était chose très vaine ; puisque loin de jouir du repos où ils étaient entrés, ou du moins dans lequel ils auraient dû entrer par la possession de Canaan, et de laisser Dieu jouir lui-même du bonheur de les y avoir fait entrer, ils obligeaient Jéhovah de travailler encore pour leur procurer le vrai bien. Du reste ce verset nous montre la charité d'un Dieu qui travaille en sens contraire des pécheurs, et en particulier la charité de Christ envers un peuple duquel il avait dit par la bouche d'Ésaïe : *J'ai travaillé en vain et j'ai usé ma force pour néant et sans fruit.* (Ésaïe.49.4)]

Celui qui est entré dans son repos s'est reposé de ses propres œuvres comme Dieu des siennes (Hébr.4.10) : c'est là ce que Jésus a fait, et ce que témoigne aussi cette circonstance qu'il *s'est assis,* comme Paul nous le montre dans sa belle argumentation (Hébreux.10.11-13), sur la perfection à laquelle son oblation unique a amené pour toujours les croyants. Tandis que les sacrificateurs lévitiques (et cette sacrificature existait encore quand Paul écrivait) étaient tous les jours *occupés* à offrir des sacrifices qui ne pouvaient nullement ôter le péché, Christ était entré dans le *repos* après le sien, sachant bien que son travail était achevé, et que rien ne restait plus à faire pour purifier la conscience des croyants, Dieu accordant un plein pardon à tous ceux qui seraient unis par la foi au souverain Sacrificateur des biens à venir. Or, si Jésus, après avoir été activement employé à son œuvre de réconciliation, a quitté la terre pour venir s'asseoir dans les cieux, c'était dire au monde qu'il *avait ou tout ce qu'il avait fait ; et voilà, c'était très bon,* comme Dieu l'avait déjà dit en considérant son œuvre créatrice (Genèse.1.31). Puis donc que Christ se repose et se réjouit en contemplant la perfection du travail de son amour, l'âme fidèle, qui peut connaître cette perfection par la foi, serait-elle excusable de n'y puiser ni joie ni repos ? Serions-nous meilleurs juges que Jésus lui-même du mérite de son œuvre ? Oh ! que notre pauvre cœur est encore faible et incrédule ! — Et puis, remarquons-le bien, Christ ne s'est point ici glorifié lui-même ; c'est d'après le commandement du Père qu'il s'est assis comme nous l'avons vu. Dieu l'a FAIT *asseoir à sa droite* (Éphés.1.20), et a ainsi déclaré que lui-même avait trouvé un repos dans l'œuvre de son Oint, repos parfait, comme Paul le montre (Hébreux.10.15-18). Les entrailles de ses miséricordes, si l'on peut ou si l'on ose ainsi parler, ne sont plus comprimées par les droits d'une justice et d'une sainteté rigoureuses et inflexibles en elles-mêmes. Maintenant les eaux vives de la grâce qui bouillonnaient dans son sein, peuvent se répandre comme un fleuve de paix sur la terre, afin d'aller arroser les lieux déserts, désaltérer abondamment l'âme altérée, laver et blanchir les pécheurs de leurs souillures ; car rien ne les retient plus, la justice éternelle ayant tendu la main à Celui qui a vaincu la mort et l'ayant elle-même fait asseoir sur le trône du ciel. Puisse l'âme du lecteur savourer tout ce que cette pensée a de fortifiant et de calmant pour le cœur !

Ajoutons que c'est *à la droite* de Dieu, et sur le *trône* du Père, que Jésus goûte le repos, qui fait partie de son salaire. Ce degré de plus ajouté à sa gloire démontre toute la valeur que le Père a attachée à son obéissance, le plaisir qu'il y a pris, et l'infinie satisfaction qu'il en a retirée. Un serviteur que l'on récompense, un serviteur qu'on élève aussi haut qu'on l'est soi-même, n'a pas seulement obéi, mais parfaitement obéi. Ainsi Joseph, l'un des plus beaux types de Jésus, fut tiré de prison pour être élevé sur le trône de l'Égypte. Il avait plu à Pharaon, et Pharaon commanda que *tout son peuple lui baisât la bouche* et que sans lui *nul ne levât la main ni le pied dans tout le pays,* (Genèse.41.37-44). Le grand ambassadeur de l'amour de Dieu auprès des pécheurs, Celui qui s'était rendu responsable du salut de l'Église devant le Père, a réalisé d'une façon si accomplie tous les desseins de la sagesse et de la miséricorde divines, que non seulement il a cessé de souffrir et n'attend plus que le moment de recueillir, dans la soumission du monde entier, les derniers fruits de ses travaux (Hébr.10.11) ; mais encore qu'il a été honoré en présence des habitants du ciel, d'une prééminence souveraine sur toute la création, prééminence qui sera manifestée aux yeux de tout l'univers à sa seconde venue. Raconter toute la gloire du Fils de l'homme sur le trône du Père nous conduirait trop loin de notre sujet, et d'ailleurs n'est pas au pouvoir du langage de l'homme ni même de l'ange. Mais nous ne saurions nous dispenser d'en faire remarquer quelques caractères qui sont bien propres à lever toutes les incertitudes des âmes fidèles au sujet de la pleine justification des croyants. Christ est assis au-dessus des anges, que l'Écriture appelle les principautés et les puissances, qu'il s'agisse des anges bons ou des anges mauvais ; et ainsi il a une réponse puissante dans la bouche contre les accusations de Satan. Comment ce subtil accusateur des frères pourrait-il calomnier devant la justice de Dieu ceux qui ont à présenter à cette dernière un garant qu'elle a elle-même reçu et couronné ? — Christ est assis sur le trône comme Juge ; sera-ce pour condamner ceux dont il s'est déclaré le Sauveur, qu'il a promis d'amener à la gloire, et qui sont le salaire du travail de son âme ? Ne serait-ce pas se condamner et se renier lui-même ? — Enfin il a reçu puissance sur toutes choses (Jean.17.3 ; Matth.28.18 ; Hébr.2.7-9) ; il tient les clefs du sépulcre et de la mort (Apoc.1.18), qu'il a ravies à celui qui en était le Prince (Hébr.2.14) ; serait-ce pour laisser périr les brebis qui lui ont coûté la vie, et souffrir que la mort et le sépulcre remportassent sur elles une victoire qui leur imprimerait un sceau de condamnation ?

2° — Et combien toutes ces raisons de triompher dans le Christ séant sur le trône du Père, ne sont-elles pas appuyées par cette autre considération que, selon le témoignage de Paul, ou plutôt du Saint-Esprit parlant par cet Apôtre, Dieu a donné Christ *pour Tête au-dessus de toutes choses, à l'Église qui est son corps* ? (Éphés.1.21) Jésus, remarquez-le bien, n'est pas monté sur le trône simplement comme Fils de Dieu, pour prendre possession d'un droit qu'il avait personnellement, et afin d'être récompensé de ses souffrances et de son obéissance jusqu'à la mort. C'est comme Chef ou Tête de l'Église qu'il a été placé dans le siège du Roi des cieux ; et la couronne qui brille sur son auguste front, *couronne de gloire et d'honneur* (Hébr.2.9), déverse cet honneur et cette gloire sur tous les membres de son corps mystique. L'huile de joie, dont le Père l'a oint, découle sur tous les bords de son vêtement ; et son Église y participe déjà par l'Esprit qu'il répand en chacun de ses membres, Esprit qui est les arrhes de leur héritage (Éphés.1.14), en ce qu'il leur donne l'avant-goût de ce dernier, en leur découvrant la gloire de Celui qui s'appelle leur *Tête* (Eph.5.23). Ce n'est donc pas seulement avec l'œil de l'admiration que son Église est invitée à contempler la gloire dont il jouit : ce n'est pas seulement pour y trouver la preuve que Jésus a fait toute la volonté du Père comme Sauveur, ni pour se réjouir simplement de ce que celui qui avait été justifié par l'Esprit, a été élevé dans la gloire et a échangé la croix contre le trône, et la couronne d'épines contre celle dont il est maintenant paré (Hébr.2.9). Mais au sein de son exil elle doit se glorifier de la haute condition où le Père l'a fait monter, en plaçant à sa droite Celui duquel elle est appelée l'*accomplissement* ou la *plénitude,* (Eph.1.23), c'est-à-dire, celui qui ne serait pas complet sans elle, même sans le moindre de ses membres. C'est là ce qui explique Éphés.2.6, que nous avons déjà eu occasion de citer comme preuve l'intime union de l'Église avec Christ dans tous les actes que ce puissant Rédempteur a accompli pour amener plusieurs enfants à la gloire. Notre nature humaine unie à lui sans péché, après avoir été éprouvée au creuset de l'obéissance (Hébr.5.8), et avoir vaincu la mort et le sépulcre, a été vivifiée, ressuscitée et assise dans les lieux célestes en lui et avec lui ; et ainsi nous pouvons hardiment, nous qui croyons, nous dire non seulement justifiés, mais aussi glorifiés avec lui. Un croyant qui se laisse condamner par Satan, laisse condamner Jésus sur son trône.

Et voilà la cause de l'exclamation triomphante de Paul dans notre texte. En voyant tous les ennemis de son âme sous les pieds de Christ, il sait qu'il a le privilège de faire comme les serviteurs de Josué, après la victoire de ce dernier sur les cinq Rois Cananéens (Josué.10.24-25). Car quoique n'ayant pas encore accompli de fait l'œuvre de la rédemption de la *terre*, Jésus a terminé celle qui, délivrant l'Église de la condamnation, lui assure la possession des lieux célestes, le péché ayant été expié, la mort vaincue et le ciel ouvert par lui. Levez donc, Ô fidèles, levez les yeux en haut et voyez, comme le fit le premier martyr, *le Fils de l'homme assis à la droite de Dieu* (Actes.7.56) ; et que cette vue soit pour vous un bouclier contre les dards enflammés de Satan. Que la foi vous fasse entrer dans le même repos que Jésus ; et que ce qui satisfait l'âme du Père, satisfasse aussi la vôtre. Votre garant est glorifié, vous êtes glorifiés en lui ; que pouvez-vous demander de plus ? Christ votre Époux, votre ami, votre frère, pouvait-il être plus amplement justifié, plus haut élevé, plus brillamment récompensé du Père ? Et si le Père a donné à notre représentant *un nom au-dessus de tout nom* (Philip.2.9), n'est-ce pas proclamer d'une voix assez haute les privilèges des rachetés de Jésus, et les inviter à jeter au-delà du voile l'ancre de leur espérance, encore qu'ils aient ici-bas à souffrir les attaques et à ouïr les rugissements de ce lion qui rôde autour de la bergerie ? Puisse l'Esprit de Dieu nous donner d'entendre cette voix qui émane du trône de Christ, et de glorifier, en élevant notre tête au-dessus de nos ennemis, Celui qui, après les avoir vaincus, s'est élevé en triomphe dans les cieux, et y sied maintenant tant en son propre nom qu'en celui de sa chère Église !

5

Triomphe de la foi
dans l'intercession de Christ.

… Qui même intercède pour nous.

Romains 8.34.

Nous sommes arrivés maintenant au comble du monu-
ment sur lequel s'appuie la foi du fidèle. L'Apôtre vient de
nous présenter le Christ de Dieu, assis à la droite du Père
comme Roi et comme Juge, possédant la toute-puissance
dans les cieux et sur la terre, ayant en main le pouvoir de
punir ses ennemis et de sauver ses amis, jouissant enfin
d'une gloire et d'une majesté propres à rassurer la foi la
plus tremblante en l'élevant non seulement au-dessus de
la crainte d'une condamnation, mais encore à l'espérance
d'être un jour là où est Jésus et de participer à sa gloire et
à son bonheur. Mais comme cette espérance pourrait être
quelquefois ébranlée par la vue des obstacles qui sont se-
més sur notre route, obstacles mentionnés au verset suivant ;
comme nous n'avons pas encore quitté un séjour où règne
avec puissance le Prince de ce monde, ni déposé une chair

qui ne *se rend point sujette à la loi de Dieu, et qui aussi ne le peut point* (Rom.8.7) Paul, afin de justifier la confiance qu'il exprime dans notre texte et plus bas, met en avant ce que Christ *fait* maintenant dans la gloire, et pose ici le dernier étai qui doit affermir la foi du croyant si souvent assaillie par les vents et les orages. La mort de Christ, en payant notre dette, nous a acquis une parfaite rédemption (1Timoth.2.6 ; Hebr.9.12-14), ce dont sa résurrection est le témoignage ferme et assuré. Sa vie actuelle à la droite de Dieu est une garantie qu'il peut glorifier et qu'il glorifiera tous ceux que le Père lui a donnés (Jean.17.2). Mais il y a plus encore : Son cœur est le même dans les cieux qu'il était sur la terre (Jean.13.1, etc.), et c'est en notre faveur qu'il use des droits que sa mort lui donne, et de la gloire dont le Père a couronné sa personne et son œuvre. Car *même il intercède pour nous*, dit l'Apôtre ; circonstance remarquable de son élévation, qui fait comprendre pourquoi *il peut sauver pleinement tous ceux qui s'approchent de Dieu par lui* (Hébr.7.25) ; *pleinement*, c'est-à-dire, parfaitement, jusqu'au bout, en dépit de tous les obstacles, et pour toujours.

Afin de rafraîchir les entrailles des saints, nous nous étendrons un peu sur ce ministère d'intercession, dont l'effet est d'affermir la foi des enfants de Dieu sur une base solide. Dans ce but, nous examinerons : primo, la liaison de l'intercession de Christ aux actes qui l'ont précédée, et comment elle en est et en devait être le complément : secundo, quelle sécurité le Chrétien peut trouver dans ces prières que le Christ glorifié fait entendre pour nous dans les cieux.

1. — Pour le moment nous ne parlerons pas de la nature de l'intercession de Jésus, ni de la manière dont il remplit cette charge ; mais nous nous occuperons de sa *convenance* et de sa *nécessité* pour que Jésus fût véritablement un Sauveur parfait.

1° — Quant à sa *convenance* nous remarquerons en premier lieu que, comme sacrificateur, Jésus n'était pas appelé seulement à offrir le sang qui devait faire propitiation pour les péchés de son peuple, mais encore à se présenter devant Dieu au nom de ce peuple et à intercéder pour lui.

Dans la sacrificature lévitique, on sait que c'était là le double ministère du souverain sacrificateur. Après avoir versé dans le parvis le sang de la victime de propitiation, revêtu de ses vêtements blancs, il se présentait dans le lieu très-saint avec ce sang, et un encensoir allumé, symbole de la prière et de l'action de grâces. Là il faisait aspersion sur le propitiatoire, qu'il avait auparavant couvert de la fumée du parfum ; et il faisait ainsi propitiation pour ses propres péchés, puis pour ceux du peuple, loin des yeux de ce dernier qui attendait au dehors, dans le parvis, le retour du Médiateur de l'alliance terrestre. On peut lire là-dessus Lévitique.16.14-18 ; Hébr.7.27 ; 9.7-8 ; 13.11.

Maintenant ces choses étant *l'image et l'ombre des choses célestes* (Hébr.8.5), il n'y aurait pas eu correspondance entre le type et l'antitype, si Jésus fût entré dans le ciel sans y remplir un ministère correspondant. Et c'est pour montrer cette parfaite correspondance, que Paul a écrit les chapitres

8 et 9 de sa magnifique Épître aux Hébreux, dans laquelle nous pouvons puiser tant de trésors de connaissances sur le ministère du Souverain Sacrificateur des biens à venir, et où il est fait mention, plus que partout ailleurs, de son intercession dans le sanctuaire céleste. — L'Apôtre Jean parle aussi de cette double fonction de Jésus, quand il le présente aux Chrétiens comme leur propitiation et leur Avocat, ou leur Défenseur (1Jean.2.2). — Cette dernière charge n'est, en effet, qu'une continuation de son œuvre sur la terre. Le sang qu'il a versé dans le parvis, et la vie qu'il a donnée en rançon pour plusieurs, vie qu'il a reprise, sont montés avec lui dans les cieux, et ont une voix muette mais puissante qui demande continuellement pour son peuple de nouvelles grâces. Le même Jésus qui a prié pour les siens sur la terre, a maintenant pour office spécial dans les lieux célestes, d'intercéder, et de rappeler continuellement la mémoire de son sacrifice.

2° — Nous remarquerons ensuite que, sans remplir cet office, Jésus n'eût pas été un Sacrificateur parfait (Hébr.8.4). Paul ne dit pas que si le Christ avait offert un sacrifice sur la terre, il ne serait point sacrificateur ; mais que si, après l'avoir offert, il fût demeuré ici-bas, son sacerdoce eût été imparfait, puisque ce sacerdoce lui imposait la loi, non seulement de se porter du parvis au sanctuaire, mais encore d'offrir dans ce dernier le sang et l'encens, à l'image du souverain sacrificateur lévitique qui en avait mandat spécial comme médiateur entre Dieu et le peuple d'Israël. — Même l'Apôtre observe que, sans cette entrée du Christ dans les lieux saints qui ne sont pas de cette structure, pour y faire le service d'intercession et y présenter son propre sang, le sacerdoce lévitique serait encore en force, et il n'y aurait rien à redire à l'alliance mosaïque (Hébreux.8.4-7). — Christ monté dans le sanctuaire céleste, offrant continuellement à la justice de Dieu son sang qu'il avait répandu pour le péché, et réclamant ainsi pour son corps la réalisation de toutes les promesses qui *sont* déjà *oui et amen en lui* (2Cor.1.20), était le seul fait qui pût accomplir la vérité de ce dont les cérémonies légales étaient les types ; et l'image devait tenir ferme jusqu'à ce que parût le corps qui la rendrait inutile (Coloss.2.17). Établie par l'ordre de Dieu, la sacrificature lévitique ne pouvait être abrogée que par une sacrificature plus excellente, relative à des avantages spirituels, et exercée dans les lieux célestes ; sans cela Dieu se fût en quelque sorte renié lui-même. Et si Christ s'était borné à répandre son propre sang ici-bas, lui qui était d'une tribu étrangère au sacerdoce (Hébr.7.11-14), et ne fût monté dans les cieux que pour y régner et non pas pour y officier comme sacrificateur intercédant, les fils d'Aaron auraient été autorisés à officier sur la terre comme auparavant, jusqu'à ce que vint un sacrificateur qui entrât dans les tabernacles éternels, avec l'encensoir et le sang de la propitiation. — Les mêmes vérités nous sont encore présentées sous un autre jour (Hébr.9.8). Le tabernacle devait rester debout aussi longtemps que le Souverain Sacrificateur des biens à venir ne se serait pas avancé dans le sanctuaire céleste ; et, avec le tabernacle, une sacrificature ayant toujours le pas sur celle du Christ, même ravissant en quelque sorte au Seigneur le fruit de ses souffrances sur la terre.

3° — En dernier lieu, l'intercession de Jésus est, des deux parties de son sacerdoce, l'acte le plus éminent, même l'acte par excellence. Nous en avons la preuve dans la sacrificature d'Aaron et de Melchisédec, qui étaient des types remarquables, même peut-être les plus remarquables de Christ comme Sacrificateur.

Le ministère le plus excellent qu'il y eût dans la famille d'Aaron, était effectivement, non pas de répandre dans le parvis le sang des holocaustes, puisque tous les membres de cette famille jouissaient de ce privilège ; mais d'entrer dans le lieu très-saint avec le sang, et là de faire propitiation pour le péché. C'était la fonction qui constituait la dignité de la souveraine sacrificature et la différence entre celui qui l'exerçait et les autres fils d'Aaron qui servaient au tabernacle : personne que lui ne pouvait passer au-delà du voile, et encore n'avait-il ce privilège qu'une fois l'année ; (voyez Hébr.9.6-7). Aussi quoique Jésus seul ait offert le sacrifice qui ôte le péché, ainsi que Paul le prouve (Hébr. ch. 10), et qu'en cela il ait sur son type une supériorité infinie, cependant son excellence comme sacrificateur ne gît pas tant en cette oblation parfaite, qu'en ce qu'*il est entré au ciel même afin de comparaître pour nous devant la face de Dieu* (Hébr.9.24). Voilà pourquoi il est appelé *le grand Souverain Sacrificateur* (Hébr.4.14), et pourquoi les croyants sont en conséquence exhortés à tenir ferme leur profession.

Quant à Melchisédec, de la sacrificature duquel Paul prouve la supériorité sur celle d'Aaron (Hébr.7.4-10), il était aussi un type de Jésus, intercédant sur le trône, puisque c'est en y faisant asseoir Jésus, que le Père lui a juré, disant : *Tu es sacrificateur éternellement selon l'ordre de Melchisédec.* Mais comment ce Roi de Salem a-t-il été une figure du Christ Intercesseur ? L'Apôtre nous répond que c'est parce *qu'il demeure sacrificateur à* TOUJOURS (Hébr.7.3, comparé avec Hébr.7.23). La sacrificature de Jésus est perpétuelle, parce qu'il intercède toujours pour son peuple acquis. Ainsi le rapport qui existe entre son sacerdoce et celui de Melchisédec, tout comme la supériorité incontestable de ce dernier sur celui d'Aaron, nous montre quelle importance nous devons attacher à l'intercession de Christ. Aussi Paul parle-t-il avec une sorte d'emphase de cette partie du ministère de Jésus, dans le 1er verset du ch. 8 des Hébreux, la présentant comme *la somme de tout son discours*, ou de cette belle dissertation dans laquelle il est entré au chap. 7 sur le sacerdoce du Messie : et l'appelle-t-il, quelques versets plus bas, un *ministère plus excellent* que celui de Moïse.

En résumé, la sacrificature de Jésus dans les cieux est le complément nécessaire de son sacrifice sur la terre ; elle est l'oméga de ce dont celui-ci était l'alpha, et sans elle notre salut ne serait pas complet. Comme victime, Jésus a offert une oblation parfaite, c'est le thème de notre Apôtre dans la première moitié du ch. 10 des Hébreux. Mais il a bien soin de rappeler en même temps (comme en Hébr.9.12) que Jésus est maintenant assis dans les lieux célestes ; et Hébr.9.10, qu'il n'est devenu l'auteur du salut éternel pour ceux qui lui obéissent, qu'après avoir été consacré, étant appelé de Dieu à être sacrificateur à la façon de Melchisédec. Son sacrifice devait être présenté et agréé dans le lieu très-saint, pour que son sacerdoce fût réellement parfait, et que son peuple lui-même, parvenu à la perfection, pût jouir d'une consolation ferme et solide.

2. — Mais Dieu avait encore d'autres raisons pour faire exercer à son Oint l'office d'intercesseur : et leur exposition successive nous fera comprendre combien cet office était nécessaire pour amener notre salut à bonne fin, et en particulier pour fonder et enraciner la foi justifiante, en sorte que chaque fidèle put tenir le même langage que David (2Sam.23.5). Et ces raisons sont tirées, soit de Dieu lui-même et de ses perfections, soit des objets de l'intercession de Christ, soit enfin de Christ lui-même.

a) Dieu, agissant toujours conformément à ses perfections adorables dans tout ce qu'il fait, a tellement conduit l'œuvre de notre salut, que, de son commencement à sa fin, elle nous présente le Seigneur comme ne soutenant avec les pécheurs que des relations médiates, c'est-à-dire, tenant l'homme à distance, et ne lui accordant aucun privilège que par l'entremise d'un Médiateur (Hébr.7.25). C'est une disposition qui avait force même dans le temps patriarcal ; car Dieu prenait alors une forme visible pour se montrer aux hommes. Et cette disposition fut encore bien plus marquée sous l'économie légale, puisque Dieu, après avoir donné sa loi par le moyen du médiateur Moïse, établit une sacrificature au milieu de son Israël. Enfin elle a été pleinement

manifestée par l'apparition du Fils de de Dieu, de ce Jésus duquel la mission essentielle était de montrer Dieu aux
hommes et en particulier de leur faire connaître le Père
(Jean.1.17-18; 14.7-11). Cette harmonie dans l'œuvre de Dieu se
continue par le sacerdoce de Christ sur le trône. S'il n'y était
monté que comme Roi, l'harmonie eût été interrompue ;
aussi le Père l'y a-t-il fait asseoir comme un Roi qui doit
demander (Psa.2.6-8), et est-il appelé *un Sacrificateur assis sur
Son trône*, (Zacharie.6.13), comme de fait il le sera un jour. Mais
Dieu avait en outre à glorifier deux de ses éminentes perfections dans l'œuvre du Rédempteur, savoir sa *justice* et sa
grâce, l'une qui veut être *satisfaite*, l'autre qui veut être *implo-
rée*. Paul les joint ensemble dans la justification du pécheur,
en Romains.3.24-26, et atteste ainsi la nécessité d'une grâce qui
s'exerce en justice, et d'une justice d'accord avec la grâce,
pour que Dieu soit réellement glorifié lorsqu'il justifie le
méchant. Il faut que le ciel et la terre sachent que Dieu sauve
parce qu'il le veut, et que pourtant il ne cesse pas d'être juste
en sauvant. Or c'est précisément cette harmonie entre la justice et la grâce qui est maintenue par l'intercession de Christ.
Sacrificateur sans souillure, il a magnifié la *justice* de Dieu
en se soumettant à la sentence qu'elle porte contre le péché ;
et par son oblation d'agréable odeur, il a non seulement
fait honneur aux réclamations de la justice, mais encore
démontré ses propres droits à réclamer la délivrance de
son peuple. Et maintenant il magnifie la *grâce* de Dieu en
la sollicitant en faveur des élus, et en demandant au Père
qu'ils soient amenés à la participation des biens qu'il leur a

acquis par son obéissance. — C'est là ce que le Saint-Esprit nous rappelle dans l'exhortation renfermée Hébr.4.16. Nous pouvons aller avec *assurance* au trône de Dieu, parce que notre Souverain Sacrificateur est entré dans les cieux; mais ce trône est appelé celui *de la grâce*, parce que le sacerdoce de Celui qui y est assis ne s'exerce plus vis-à-vis d'une justice envers laquelle il s'est exercé ici-bas sur la croix. Ainsi en était-il du ministère du souverain sacrificateur chez les Juifs. Dans ses vêtements ordinaires, il répandait d'abord le sang dans le parvis autour de l'autel des holocaustes, symbole de la sévérité et de la colère divine contre le péché : puis dans ses vêtements de lin, il s'avançait avec le sang et l'encensoir vers ce propitiatoire, symbole de la grâce de Dieu envers les pécheurs, et achevait là, comme nous l'avons vu, d'accomplir son office. Christ, après avoir de même achevé sur la terre d'accomplir toute justice, est donc maintenant employé à une œuvre d'un autre genre, celle de solliciter toute la grâce de Dieu, selon qu'il l'avait au reste annoncé à ses disciples en leur disant : *Je prierai le Père* (Jean.14.16). Lors de la première effusion de l'Esprit, Pierre déclare que Jésus *avait* REÇU DU PÈRE *ce que l'on voyait et entendait* (Act.2.33) : pourquoi *reçu* ? parce que, selon sa promesse, Jésus avait prié pour cela. La Grâce l'exigeait pour les pécheurs, maintenant qu'elle était libre de se répandre sur eux; comme la Justice exigeait que Jésus fût condamné et justifié pour laisser un libre cours à la Grâce.

b) Quant à nous, objets du salut, Dieu a eu aussi ses vues en plaçant Jésus dans les cieux comme intercesseur. En général le Seigneur a voulu que nous nous vissions sauvés de toute manière, c'est-à-dire, par *rançon* dans la mort de Christ, par *puissance* dans son ascension et sa résurrection, et enfin par *grâce*, amour et faveur, dans son intercession. Cette corde à trois cordons, que le Diable ne peut rompre, attache à l'ancre de l'espérance la nacelle du disciple, souvent battue par les vagues. Mais nous dirons en particulier.

A. — Que pour devenir auteur du salut éternel, ou appliquer aux hommes ce qu'il avait fait, il fallait qu'après avoir obéi, Christ devint sacrificateur d'intercession, ou à la façon de Melchisédec qui bénit Abraham : c'est la pensée de Paul aux Hébreux.5.8-10. On voit ici Jésus d'abord rendu parfait par des souffrances, en achetant à grand prix la délivrance de nos âmes ; puis placé à la droite de Dieu pour communiquer, à ceux qui lui obéissent, cette délivrance ou du moins les prémices que l'on en goûte ici-bas dans la conversion ; car nous sommes sauvés en espérance.

B. — Le pardon journalier de nos offenses dépend aussi de ce ministère céleste de Jésus. C'est parce que *nous avons un avocat auprès du Père, savoir Jésus-Christ le Juste, qui est toujours vivant afin d'intercéder pour nous* (1Jean.2.2 ; Hébr.7.25), que chaque jour nous pouvons et devons dire : *Pardonne-nous nos offenses* (Matth.6.12). Quoique le croyant soit justifié et sanctifié, il n'est pas tellement hors des atteintes du péché qu'il n'y succombe souvent, en sorte qu'il a besoin que la mémoire de sa justification soit rafraîchie dans son cœur ; chose qui se fait par un regard de foi porté, non sur la croix qui est derrière lui, mais sur Jésus intercesseur et sur le sang de l'aspersion qui crie de meilleures choses que celui d'Abel. De moment en moment nous avons besoin de la grâce de Dieu ; or ce sont les prières de Jésus qui nous l'obtiennent, ou plutôt c'est en vertu de son intercession qu'elle descend jusqu'à nous : et si nous nous *tenons fermes dans cette grâce* (Rom.5.2), nous le devons à ce que Jésus se tient lui-même à la droite de Dieu comme sacrificateur. L'intercession est à la justification, ce que la providence est à la création ; elle conserve ce que la croix a créé, c'est-à-dire la paix et la guérison de l'âme.

C. — Notre persévérance jusqu'à la fin y est aussi liée. — Sous la loi, *il y avait commémoration des péchés d'année en année* (Hébr.10.3) ; sous la grâce, Dieu a pris soin de placer devant soi un sacrifice, et un *sacrificateur saint, innocent, sans tache, séparé des pécheurs et élevé au-dessus des cieux, qui n'eût pas besoin*, etc. (Hébr.7.26-28). Et l'obéissance de ce fidèle serviteur plaît tellement au Père, que nos péchés ne peuvent plus lui monter au cœur. C'est ce que Dieu a fait à cause de nous, afin que nous trouvassions le repos de notre âme, là où il déclare trouver le repos de la sienne. Comme du temps de Noé, il établit l'arc-en-ciel pour être un signe de son alliance avec la terre, afin de ne plus la détruire par les eaux du déluge, le Père a placé Christ à sa droite pour être un signe de la perpétuité de son alliance avec l'Église. Christ est pour le Père ce que la Cène est sur la terre pour nous, un mémorial de la grâce ; et il ne cessera d'y être que quand la Cène cessera sur la terre par l'enlèvement de l'Église dans les cieux[a]. — Et comme la justice de Dieu n'est plus provoquée par nos anciens péchés, elle ne l'est plus par les nouveaux, grâce à l'intercession de Jésus ; car le sang de ce Juste nous lave de *tout* péché. Sans doute le fidèle qui pèche, met un nuage entre Dieu et lui ; mais Dieu a pourvu à ce que ses pauvres enfants eussent un avocat, qui *peut compatir à leurs infirmités* (Hébr.4.15) parce qu'il a connu, sans péché ni chute, ce que c'est que la tentation. Tant qu'il y aura du péché à craindre pour l'Église, cette dernière aura un sacrificateur dans les lieux saints qui ne sont point faits de main ; de là naît la parfaite sécurité du peuple croyant. Si *lorsque nous étions ennemis, nous avons été réconciliés avec Dieu* par *la mort de son Fils, à combien plus forte raison, étant maintenant réconciliés, serons-nous sauvés par sa vie ?* (Rom.5.10) Si la mort de Christ a rapproché l'Église du Père, et si, quand nous étions dans un état de péché, le Père, par la mort du Fils, nous a attirés dans sa communion, que ne devons-nous pas attendre de la vie de Christ dans les cieux, maintenant que nous sommes dans la grâce ! Si Christ étant vivant ne meurt plus et si la mort n'a plus d'empire sur lui ; s'il vit pour s'intéresser à ceux que le Père lui a donnés ; s'il comparaît pour eux devant la face de Dieu, avec le sang de l'aspersion ; qui pourrait les condamner pour leurs péchés de chaque jour ?

c) Enfin Christ lui-même, pour la gloire du Père et pour la sienne, et aussi afin d'exciter les croyants à le glorifier, a dû prendre après sa résurrection l'office d'intercesseur. Il

---

a. Voir Notice THéoTEX d'introduction.

faut *que tous honorent le Fils comme ils honorent le Père* (Jean.5.22-
23) et le Fils, devant être honoré par ses créatures, ne doit
pas cesser d'agir pour elles. Jésus s'est reposé du travail
de son âme, comme Dieu se reposa après la création. Mais
son repos n'est pas de l'oisiveté : sur le trône où il est assis, il exerce une charge honorable et excellente, celle de
conserver son ouvrage, et celle de juger l'Église ou de la
gouverner, et en même temps d'être pour elle Sacrificateur,
Intercesseur, Défenseur ou Avocat. Que Jésus ne soit point,
même ne doive pas être oisif dans les cieux relativement à
son peuple, c'est ce qui est suffisamment prouvé par Hébr.7.24 ;
sa sacrificature est perpétuelle. Il n'est pas sacrificateur in
partibus, comme certains Ministres d'une certaine église [a].
C'est un titre d'honneur que Dieu lui a donné après sa résurrection (Hébr.5.4-6) et auquel Jésus fait honneur lui-même, en
vaquant continuelle-, ment à cette œuvre de grâce qui doit
le glorifier aux yeux de ses rachetés, et tirer chaque jour de
leur bouche de nouvelles adorations. — Mais surtout il était
naturel, il était essentiel pour notre paix, que Celui qui avait
mis avec tant d'amour la première main à notre salut, y mit
aussi la dernière ; et que comme il avait jeté le fondement de
l'édifice, il jouit aussi du privilège d'en lever la pierre la plus
haute. Telle est la pensée de Paul aux Hébr.12.2. Il nous invite
à regarder à Jésus mourant, et à Jésus assis sur le trône du
Père ; deux faces sous lesquelles il le considère dans cette
Épître, et dont l'une est le commencement, l'autre la fin de la
foi ; ou plutôt, deux ministères dont le premier a été comme

---

a. Voir Notice THéoTEX d'introduction.

le principe, et le second est comme la consommation de ce qui forme la substance de la foi. Ainsi l'intercession de Christ est ce qui couronne son œuvre : elle est l'Oméga de ce dont sa mort est l'Alpha. Mais, plus durable que son œuvre de souffrance qui a eu un temps limité, cette intercession s'étend jusqu'au moment où le dernier des élus sera amené à Dieu. Et comme Jésus a eu la gloire de réconcilier toutes choses avec le Père, ayant fait la paix par le sang de sa croix, il saura consommer également la délivrance de chacun de ceux que le Père lui a donnés ; douce pensée pour ceux-ci, qui ont tant besoin d'être assurés que Celui qui les a aimés dans ce monde, les aimera aussi jusqu'à la fin.

Maintenant il sera facile de comprendre pourquoi notre Apôtre s'élève à un si haut degré de confiance, et pourquoi sa foi triomphe, en contemplant Jésus priant pour son peuple dans les cieux. Et nous chercherons à faire entrer nos lecteurs dans les mêmes sentiments que l'Apôtre, en montrant, d'un côté, ce qui, dans cette intercession, sert à fortifier la foi justifiante, et de l'autre, la valeur, la puissance et l'efficace d'une intercession comme celle de Jésus ; le tout, toujours d'après les Écritures.

1° — Il y a plusieurs choses dans la sacrificature du Sauveur qui sont propres à réjouir et à affermir la foi des croyants. La principale est la nature même de cette intercession. Christ est parfait dans toutes ses œuvres et dans tous ses offices (Deut.32.4) ; et cette perfection consiste dans la pleine et entière obtention du but que Dieu se propose dans les unes et dans les autres. Celui de la mort de Christ est obtenu, puisqu'il est écrit que nous sommes réconciliés et justifiés par son sang (Rom.5.9 ; Coloss.1.20-22) et qu'*Il a trouvé une rédemption éternelle* (Hébr.9.12). Quant à son intercession, elle a, comme nous l'avons déjà vu, le salut final des croyants pour objet, selon que le Saint-Esprit l'indique dans Hébr.7.25 : *Il peut sauver pour toujours*, c'est-à-dire pleinement, parfaitement et jusqu'au bout (selon le sens du grec), *ceux qui s'approchent de Dieu par lui*. Puis donc qu'en s'offrant lui-même en sacrifice, Jésus n'a pas échoué dans son dessein, et que, *par une seule oblation, il a amené pour toujours à la perfection ceux qui sont sanctifiés* (Hébr.10.14-17), qu'en résultera-t-il par rapport à la seconde partie de sa sacrificature ? qu'il réussira aussi bien que dans la première, et que comme sa mort nous a réconciliés, sa vie nous sauvera (Rom.5.10). Si donc sa mort nous donne une pleine confiance que nos péchés sont effacés, parce que cette mort est un sacrifice parfait, unique dans son espèce, et dont la puissance propitiatrice s'étend à tous les genres de péchés, pourquoi douterions-nous de la perfection et de la puissance de son intercession, ministère exercé dans la même perfection d'amour que celui qu'il a rempli sur la croix ? Et si le but de celui-là est d'amener nos âmes à la jouissance du salut éternel en les préservant de toute chute, et en faisant propitiation continuelle pour leurs péchés journaliers, pourquoi douterions-nous que Jésus n'atteigne ce but, comme il a atteint celui qu'il se proposait dans son sacerdoce terrestre ? Certainement ce serait mettre en question la perfection de ce sacerdoce tout entier.

— Mais, dira quelque âme, mon incrédulité, la dureté de mon cœur, ne mettront-elles pas un obstacle à l'accomplissement du dessein de Christ ? Non certainement, si votre cœur déplore cette incrédulité et cette dureté aux pieds du trône de la grâce, et que vous vous en soyez sincèrement remis à Christ du soin de vous sauver. On ne saurait trop le redire, le sacerdoce de Jésus ne serait pas parfait s'il y avait un seul des élus qui manquât au grand appel qu'en fera un jour le cri de l'Archange [a] : et Dieu qui veut avoir un peuple dans la gloire, se chercherait un autre sacrificateur que Christ pour accomplir cette volonté ; car il en faut un pour le salut des pécheurs. Mais si le ciel et la terre ne sauraient en fournir un autre, il faut donc que Celui que nous avons soit suffisant pour amener à la gloire ceux que le Père a attirés à lui : et ainsi toute âme, quelque misérable qu'elle soit, sera parfaitement sauvée, si elle suit l'attrait du Père et crie à Jésus qui est dans le ciel, comme la Cananéenne ou Bartimée criaient à lui sur la terre.

2° — Et s'il nous faut encore d'autres sujets de confiance, considérons les différentes circonstances de personnes ou de choses que l'intercession de Christ nous présente. Excellence dans l'intercesseur même, justice dans sa cause, puissance pour exécuter ce que le Père lui accorde, dispositions du Père à l'égard de Christ et de nous, que de motifs de triomphe ! que d'encouragements à se réjouir dans le Seigneur, et à recevoir ou à *retenir ferme jusqu'à la fin l'assurance et la gloire de l'espérance !* (Hébr.3.6)

---

a. Voir Notice THéoTEX d'introduction.

a) Excellence dans l'intercesseur. Christ est un GRAND *Souverain Sacrificateur* (Hébr.4.14; 10.21), et c'est ce qui nous donne hardiesse pour nous approcher de son trône (Hébr.4.16; Éph.3.12). Sa grandeur consiste, selon l'Apôtre dont nous venons de citer les paroles, en ce qu'il est le FILS DE DIEU *qui est entré dans les cieux* ; et que *la parole du serment qui a été fait après la loi, ordonne* (comme sacrificateur à la place des hommes faibles de la loi) *le* FILS *qui a été consommé pour l'éternité* (Hébr.7.28). Cette circonstance est très importante relativement à l'intercession de Christ ; car elle montre toute l'efficace de cette intercession, et le succès que nous pouvons en attendre. Comme la vertu de sa mort et de son sacrifice pour purifier la conscience des œuvres mortes, gît en ce que, *par l'Esprit éternel, il s'est offert à Dieu sans nulle tache* (Hébr.9.12-14), ou en ce que la plus intime relation l'unissait à la Divinité ; celle de son intercession gît aussi en ce qu'il est *Fils de Dieu*, ou dans des rapports non moins étroits avec la personne du Père ; rapports non seulement de nature, mais de tendresse et d'affection. Et remarquons bien que c'est spécialement en qualité de *Fils* que Jésus est représenté comme intercédant, c'est-à-dire qu'il en appelle plutôt à l'amour que le Père lui porte qu'aux droits imprescriptibles de ce sang qu'il a versé pour satisfaire à la justice de Dieu : tellement que, s'il était possible que le sang fût oublié, comme c'est le *Fils* qui plaide, le Père donnerait toutes choses à cause de lui. Que ne peut-on donc pas attendre d'un intercesseur qui est Fils, et Fils tellement aimé du Père, que le Père ne peut rien lui refuser sans se renier soi-même ! Si Dieu a dit aux hommes : *C'est ici mon Fils Bien-Aimé en qui j'ai mis tout mon bon plaisir ; écoutez-le* (Matth.17.8) qu'était cette voix venant de la nuée, sinon l'écho du cœur du Père envers Celui qui pouvait dire : *Père, je te rends grâce de ce que tu m'as exaucé : or je savais bien que tu m'exauces toujours !* (Jean.11.41-42). Oui, Dieu écoute Christ : Il l'écoute avec autant de joie et de franche volonté qu'il veut que nous l'écoutions nous-mêmes. Il ne l'écoute pas seulement comme garant, mais comme Fils ; et non seulement comme Fils, mais comme Celui dans lequel il a mis toute l'affection qu'il est capable d'avoir ; Fils qu'il aime parce qu'il est de la même nature que lui ; Fils qui a donné sa vie par amour pour le Père qui lui-même avait éternellement aimé les élus ; Fils obéissant (Hébr.5.8-10 ; 7.26-28), qui, par ses travaux, ses douleurs, son supplice, a tissu la robe de noces dont l'amour du Père avait de tout temps voulu couvrir le peuple destiné à la gloire ; Fils, en un mot, qui l'a glorifié sur la terre et qui mérite tout ce que le Père peut lui donner (Jean.17.4). Quel Intercesseur ! et quel sujet de croire, d'espérer, de se réjouir ; surtout quand on pense que le Fils, étant héritier de toutes choses, n'a rien à demander pour lui-même proprement, et n'emploie l'immense crédit dont il jouit auprès du Père, qu'à solliciter sa faveur et les grâces qui en découlent, pour de pauvres êtres si indignes de la moindre de ses prières !

b) Mais Jésus parle aussi dans les cieux comme notre défenseur ou notre avocat (1Jean.2.1-2). Il en appelle à la justice satisfaite par sa propitiation, aussi bien qu'à la grâce et à la faveur dont il jouit en tant que Fils ; et l'adjure, pour ainsi dire, de sauver ceux qu'elle ne peut plus condamner. De là ce nom de *Jésus-Christ le Juste*, donné au Fils par le Saint-Esprit dans le passage précité ; et ces déclarations de la justice et de la fidélité de Dieu dans le pardon qu'il accorde ; (Rom.3.25 ; 1Jean.1.9). Lorsque Jésus prend entre ses mains la cause la plus décidément mauvaise, celle du plus misérable des misérables pécheurs, c'est une cause gagnée en cour céleste ; non pas à la manière des hommes, mais parce qu'elle devient bonne, une fois que s'en charge Celui qui, étant la propitiation pour nos péchés, peut seul présenter à Dieu cette justice, dont le poids souverainement excellent emporte bien loin celui de toute espèce de transgression, même de toutes les transgressions possibles. — Nous ne reviendrons point sur ce qui a déjà été dit de la perfection de cette justice ; mais nous rappellerons à nos lecteurs qu'il y a deux arguments que Jésus fait valoir en faveur des élus, et qui doivent exercer un effet puissant sur les entrailles d'un Dieu souverainement juste.

C'est d'abord son sang, ce sang avec lequel il *est entré dans les lieux saints, après avoir obtenu une rédemption éternelle, et qui prononce de meilleures choses que celui d'Abel* (Hébr.9.12 ; 12.24). Ce sang, comme on le voit, a un langage muet, mais aussi éloquent que celui du premier homme qui ait souffert pour la justice (Gen.4.10), quoique ne demandant pas vengeance comme ce dernier. Il y a ici une magnifique antithèse : Dieu hait souverainement l'injustice et le meurtre en particulier ; chaque goutte de sang innocent qui se verse sur la terre, sollicite sa justice contre celui qui l'a répandu. Mais le sang du juste, ayant coulé *par le conseil déterminé de Dieu*, qui l'avait permis et ordonné pour épargner celui des coupables, sollicite l'acquittement et la justification de ceux qui ont contribué à le répandre. Or plus juste a été la victime, plus pressantes sont ces sollicitations ; car leur puissance est selon la dignité de la victime. — Mais nous en jugerons mieux, en comparant le sang d'Abel le juste, avec celui du Juste par excellence. — Abel eût-il été le meurtrier de ce Caïn qui était du malin, le sang de Caïn fût retombé sur la tête d'Abel ; mais pas avec la même puissance que celui d'Abel sur Caïn, parce que celui-là était juste, et avait souffert pour la justice ; *la mort des bien-aimés de l'Éternel étant précieuse devant ses yeux* (Psa.116.15 ; 72.14). Le sang d'un simple fidèle, d'un membre du corps, prononçant des requêtes si énergiques, que sera-ce donc du sang du Roi des nations et du Chef de l'Église ? Si la voix de celui d'Abel montait de la terre à Dieu, celle du sang de Christ ne fera-t-elle pas retentir les cieux et la terre, jusqu'à ce qu'elle ait obtenu, non la malédiction, mais la bénédiction des âmes qui doivent être blanchies dans ce sang précieux ? — Et puis, observez que le sang d'Abel *montait de la terre* qu'il avait rougie, et ne demandait pour le meurtrier qu'une punition terrestre ; tandis que c'est dans les cieux, entre les mains mêmes de Celui qui est sacrificateur après avoir été victime, que le sang de l'Agneau sans défaut et sans tache fait entendre sa voix ; c'est au milieu des milliers d'anges, et devant Dieu qui est le Juge de tous (Hébr.12.22-23) ; au milieu de toutes les choses célestes qui ont été purifiées par ce sang (Hébr.9.23-24). Il ne monte donc pas de la terre ; mais il crie aux oreilles de Dieu ; il n'invite pas Dieu à descendre sur la terre pour faire justice, mais il invite Dieu à ouvrir les lieux saints aux habitants de la terre, et à exaucer la prière faite par Jésus dans le lieu où il a versé son sang : *Père, je veux que là où je suis, ceux que tu m'as donnés y soient aussi avec moi* (Jean.17.24).

Dira-t-on que nous ne devions pas tirer un tel parti d'une expression purement figurée, puisqu'il n'y a pas propre-ment de sang dans les cieux ? Mais pourquoi l'Écriture se servirait-elle de ces expressions, si nous n'étions pas en droit d'en tirer tout le parti possible ? — Au reste prenez les choses dans le sens propre. Dites que la mort de Jésus, ou plutôt le don que Jésus a fait de sa vie, représenté par l'effusion de son sang, est perpétué dans les cieux par sa présence corporelle, puisque c'est à sa mort sur la terre qu'il doit sa vie dans le ciel, et les mêmes vérités en jailliront toujours, même avec plus de force. Christ n'a qu'à lever sa main autrefois percée, pour faire retentir de louanges les voûtes célestes, et pour faire agir en faveur des élus, cette même Justice qui demanda jadis qu'on le mît au rang des malfaiteurs. Comme Agneau immolé, il *est digne de prendre le livre et d'en ouvrir les sceaux,* c'est-à-dire, de sortir avec puissance de son lieu pour détruire ceux qui corrompent la terre, et racheter, d'entre les mains de Satan, la possession et le royaume de son Épouse qui est l'Église (Apoc. ch. 5 et 6) : et en cette même qualité, il a aussi le droit de réclamer le fruit de ses souffrances pour cette dernière.

Et la vie de Jésus se joint à sa mort pour renforcer le cri que celle-ci fait entendre dans le sanctuaire. Abel parle quoique mort ; combien plus Christ qui a été mort, et qui étant maintenant vivant, donne ainsi comme une vie à ses meurtrissures passées ? Il n'en est pas de lui comme du premier Adam. Celui-ci eut-il été anéanti après être retourné dans la poudre, la puissance de son péché n'en eût pas moins subsisté pour assujettir tous les hommes à la condamnation jusqu'à la fin du monde. Et de ce qu'Adam n'a pas été anéanti, les suites de ce péché ne reçoivent aucune diminution ; tout cela parce que ce péché nous condamne naturellement et nécessairement. Mais la mort de Christ étant une cause gratuite de salut, une conséquence de l'amour divin pour l'homme, la vie de Christ y ajoute un degré de valeur qui en rehausse les instances auprès de Dieu ; de la même manière (si l'on ose adopter cette comparaison) que les prières d'un misérable ajoutent à la compassion que nous inspire la vue de son triste état. Comme Dieu se souvient de son alliance avec Abraham, Isaac et Jacob qui *vivent en lui*, (Luc.20.38), et qu'il ratifiera un jour à l'égard d'Israël les promesses faites aux pères, ainsi Christ étant aussi *vivant pour Dieu* (Rom.6.10), et Dieu étant le Dieu de Christ vivant (Eph.1.3), il se souvient du sang de Golgotha qui, après avoir été porté dans les lieux célestes, est présenté par Celui-là même qui l'a versé, accompagné du témoignage constant que le Père a rendu de son efficace, savoir de la présence de Jésus dans le ciel (Hébr.9.24). Oh ! quel trésor de consolations nous tirerions de ces circonstances réunies, si notre foi, plus ferme, plus vivante, savait se nourrir de Christ, et *regardait aux choses d'en haut*, comme elle y est exhortée! (Coloss.3.1-3). Mais, misérables que nous sommes, au lieu de tendre les oreilles pour écouter la voix qui appelle sur nous toutes les compassions et les bénédictions du Père, nous écoutons la voix trompeuse et séduisante du monde, de Satan ou de la chair; ou bien, piège encore plus subtil, nous cherchons en nous-mêmes ce qui ne retentit qu'aux cieux, c'est-à-dire la voix qui rassure et qui console. On se complaît davantage à s'entendre parler de Christ et à consulter les sentiments de son propre cœur envers Christ, qu'à demeurer en quelque sorte au pied du trône de la grâce, suspendu aux lèvres de Celui dont la voix arrive au cœur du Père des miséricordes, du Dieu des consolations, et tire de cette source abondante les eaux qui rafraîchissent l'âme altérée. Faut-il maintenant s'étonner, se plaindre, si l'Évangile qui, par sa nature même, devrait réjouir, laisse encore tant de cours dans un état de trouble, de gêne ou de tristesse?

c)   Mais, pour en revenir à notre puissant Intercesseur, n'oublions pas que c'est du *trône* qu'il prie, et que c'est *sur le trône* qu'est assis Celui, dont la mort et la vie s'unissent pour émouvoir en notre faveur les entrailles du Père. C'est dans la toute puissance qui lui a été donnée sur toutes choses, afin de donner la vie éternelle à ceux que le Père lui a donnés (Jean.17.2), que Jésus exerce son ministère d'intercession : tellement qu'il n'y a pas seulement en lui d'énergiques arguments pour le gain de la cause dont il s'est chargé, mais encore le pouvoir d'accomplir envers nous tout ce qu'il obtient du Père, tout ce que l'amour du Père veut accorder à ceux qui s'approchent de lui par Christ. Ce n'est pas une moitié de l'empire céleste que Christ a reçue, mais le *Père a donné tout jugement au Fils* ; (voyez Jean.5.24-27). La volonté de Christ est aussi libre, sa monarchie ainsi que son autorité sont aussi absolues que celles de Dieu lui-même. Dans un sens, le Père a quitté le trône pour y placer le Fils, comme Pharaon fit monter Joseph sur le sien. — Or si Christ comme Roi, et afin d'honorer le Père, veut tout ce que veut le Père, demande tout ce qui plaît au Père, et a la puissance d'exécuter tout ce qu'il demande, que ne peut-on pas obtenir de Dieu par lui ? Qui peut s'opposer au salut de l'âme pour laquelle Jésus non seulement prie, mais prie avec autorité, et prie avec pouvoir d'accomplir tout ce qui fait la substance de sa prière ? Remarquez cette expression : Mon Roi ; que le Père emploie quand il parle du sacre de Jésus (Psa. 2) : Christ est donc le Roi du choix de Dieu ; Celui qui gouverne, conduit, dirige, *soutient toutes choses par sa parole puissante* (Hébr.1.3), de la part et à la place de Dieu. Et quand il a été sacré Roi par le Père, le Père lui a dit : *Demande-moi !* en sorte que Christ, pour la gloire du Père, doit demander ; et que d'un autre côté, établi Roi par le choix de Dieu même, il ne peut pas essuyer de refus. — Aussi sa prière sur la terre, modèle de celle qu'il fait maintenant dans les lieux célestes, était-elle sur le ton de l'autorité : *Père, ceux que tu m'as donnés, je veux qu'ils y soient aussi avec moi,* (Jean.17.24). Et si Dieu daigne honorer tellement les prières de ses pauvres enfants ; s'il les regarde comme trop puissantes pour y résister (comme ce fut le cas avec Jacob, Osée.12.4, et avec Moïse, Exode.32.10) ; si l'homme peut *forcer la force de Dieu*, (Esaïe.27.5) ; que sera-ce des prières de ce Jésus qui est non seulement appelé le Juste, mais le Roi de Dieu, Celui qui a reçu toutes choses entre les mains de la part du Père, et qui possède un nom au-dessus de tout nom ? Voyez-en un bel exemple dans Zacharie.1.12 et suivants. Là nous entendons d'abord l'Ange de l'alliance, intercédant auprès de l'Éternel des armées en faveur de Jérusalem foulée aux pieds par les Gentils ; puis l'Éternel lui répondant *de bonnes paroles, des paroles de consolation.* Mais ce qu'il y a de singulièrement remarquable dans cette réponse, c'est que l'Éternel s'excuse, pour ainsi dire, de son long délai à rétablir son peuple dans sa terre et à le délivrer de sa captivité, et qu'il en rejette la faute sur la méchanceté des ennemis de Jérusalem (v. 15). Tout ceci sans doute est une manière de parler selon l'homme : mais on y voit une intention marquée de faire observer la tendre pitié de Christ pour son peuple, et en même temps l'espèce de crainte que le Père éprouve de contrister le cœur de son Roi, ainsi que l'empressement avec lequel il répond à ses prières. — Et l'on serait en droit de s'étonner qu'il en fût autrement, vu l'unité de nature, de volonté et de puissance qui existe entre la personne du Fils et celle du Père (Jean.10.30 ; 5.19). Ce n'est pas ce que lui-même, individuellement considéré, a jugé ou juge bon de demander pour ses frères, qui fait le sujet des prières de Jésus dans son humanité glorifiée. Sur la terre il disait : *Car je suis descendu non point pour faire ma volonté, mais la volonté de celui qui m'a envoyé. Le Père qui m'a envoyé m'a prescrit ce que j'ai à dire et comment je dois parler,* (Jean.6.38; 12.50); or comme alors sa parole était celle du *Père*, il en est ainsi maintenant : c'est la voix du Père qui est entendue dans la bouche de Jésus intercesseur. Dans cette charge il manifeste l'amour du Dieu invisible dont il est l'image (Coloss.1.15), et ne demande que ce qui a été donné en lui à l'Église dès les temps éternels (2Tim.1.9). Dieu se *renierait* donc *lui-même* (2Tim.2.13), si Christ sollicitait en notre faveur des grâces que le Père ne pût pas ou ne voulût pas nous octroyer ; car c'est le conseil éternel de Dieu qui s'exécute. soit dans l'intercession de Christ, soit dans les choses pour lesquelles il intercède. Jésus ne peut et ne doit faire d'ailleurs que ce qui plaît au Père ; et de son côté, à cause de ses promesses, le Père ne doit rien refuser à l'homme de son choix, celui-ci ne demandant rien autre que l'accomplissement des promesses, qui lui ont été faites à cause de son obéissance jusqu'à la mort. Voilà ce qui justifie la *confiance que nous avons en lui, savoir, que quand nous lui demandons quelque chose selon sa volonté, il nous exauce* (1Jean.5.14) ; et tel est aussi l'un des fermes fondements de la gloire et de la justification des croyants. Heureux serions-nous si notre foi pouvait ou savait se prévaloir de cette autorité dont le Seigneur Jésus jouit auprès du Père, et assiégeait souvent ce trône où Christ ordonne quand il prie, et d'où partent les réponses en même temps que les demandes.

d)   Enfin, pour clore nos méditations sur le sujet, aussi bien que pour rendre accomplie la joie et la sécurité des croyants sincères, pesons toute la valeur de cette déclara-

tion du disciple bien-aimé, aux *petits enfants* qu'il avait en-
gendrés à Christ par l'Évangile : *Que si* ou *quand quelqu'un
a péché,* leur dit-il, *nous avons un avocat auprès du Père, savoir Jésus-Christ le Juste* (1Jean.2.1). Cette déclaration suppose
qu'il y aura des croyants qui pécheront, lors même que leur
devoir est de fuir tout péché et de vivre dans une communion habituelle avec leur Dieu et Sauveur. Et maintenant
avec quoi l'Apôtre les relèvera-t-il? Est-ce en leur disant :
Repentez-vous, priez, prenez des résolutions, veillez sur
vous-mêmes ? Non ; ce serait bander la plaie à la légère ;
ce n'est pas en chargeant l'âme tombée et froissée de sa
chute, ce n'est pas en la ramenant sur elle-même, ce n'est
pas en lui recommandant les actes de l'homme qui est debout, qu'on la retirera du filet, ni surtout qu'on calmera sa
conscience angoissée. Nous avons un Défenseur auprès du
Père, si nous avons péché : voilà le remède le plus pressant
et le plus salutaire. Christ Intercesseur est le bouclier de
l'âme qu'accuse le grand adversaire : et ce fut dans cette
même pensée que Jésus annonça à Pierre qu'il serait relevé
de sa triste chute (Luc.21.31-32). C'est en revenant à Christ que
le pauvre enfant de Dieu retrouve la communion de l'Esprit
qu'il avait contristé. — Mais, considérons de plus près les paroles de l'Apôtre. Il ne dit pas : nous avons un Avocat auprès
de Dieu, parce que ce n'est pas le titre significatif que Dieu
prend avec les croyants, comme Jésus le fit sentir à Marie,
après que lui-même eut été déclaré *Fils* dans sa résurrection
(Jean.20.17). Mais il dit : auprès *du Père,* pour nous rappeler,
d'un côté, la relation que Dieu soutient avec Christ et avec

nous, et de l'autre, notre commune participation avec Christ dans cette relation, ce qui doit doubler notre confiance ; car cette expression générale permet à chaque enfant de Dieu de s'identifier avec Christ et de dire : L'Avocat est auprès de son Père et du mien. Or Jésus priant auprès de son Père, et auprès de notre *Père*, est quelque chose de merveilleusement propre à allumer une sainte confiance dans le fidèle, même le plus misérable.

Car que n'octroiera pas le Père des miséricordes à la prière de son Fils bien-aimé ? Lorsque Jésus était sur la terre dans l'infirmité, Marthe, quoique faible en connaissance, pouvait lui dire avec confiance : *Je sais que tout ce que tu demanderas à Dieu, Dieu te le donnera.* Lui-même, quelques moments plus tard, confirma ce témoignage de Marthe en prononçant, avant d'exaucer les cris des deux sœurs de Lazare, ces remarquables paroles, qui donnaient, comme par avance, une idée de la puissance de son intercession auprès du Père : *Père, je te rends grâces de ce que tu m'as exaucé. Or je savais bien que tu m'exauces toujours ; mais je l'ai dit à cause de ces troupes que sont alentour de moi* (Jean.11.22, 41,42). Ici nous l'entendons d'abord exprimer sa reconnaissance au Père d'avoir exaucé ses prières pour la résurrection de son ami : et ensuite manifester publiquement l'expérience qu'il avait faite plusieurs fois du plaisir que le Père prenait à ses requêtes, dont on avait pu voir le succès dans d'autres miracles que celui-ci : manifestation dont le but était d'amener à la foi cette troupe de gens qui l'environnait, et à laquelle il était encore inconnu. Jésus donc a toujours été entendu du Père pendant son séjour ici-bas. Plus tard encore, il fut exaucé relativement à ce qu'il craignait (Hébr.5.7) ; sa prière au Père pour ses bourreaux fut enregistrée, et, au temps marqué, sera accomplie par la conversion d'Israël. De quel crédit ne jouira-t-il donc pas maintenant dans les cieux, surtout après avoir été déclaré Fils par sa résurrection d'entre les morts, et avoir achevé l'œuvre que le Père lui avait donnée à faire ? Relisons le Psaume 2 que nous avons déjà cité, et nous en jugerons. *L'Éternel m'a dit : Tu es mon Fils, je t'ai aujourd'hui engendré. Demande-moi, et je te donnerai pour ton héritage les nations,* (vers. 7, 8). Ainsi le privilège que Christ a reçu du Père lors de sa résurrection, est celui de demander et de recevoir. Dieu a été réjoui de l'œuvre parfaite du Christ, et lui a remis toutes choses entre les mains. Jésus, comme Fils, aura-t-il donc moins d'influence auprès du Père en faveur de l'Église qui est de ses os et de sa chair, et en faveur même du plus petit d'entre ses frères, que la reine Esther, qui au fond n'était qu'une esclave, n'en eut auprès du roi de Perse, son époux, pour le salut de son peuple et de sa parenté ? Loin de nous cette injurieuse pensée ! Comment Jésus ne triompherait-il pas dans une cause de laquelle le *Père* l'a établi défenseur, et qu'il plaide non pas devant un étranger, mais devant *son* Père ? Ainsi, lors-même que votre cas semble désespéré, ne désespérez de rien. Regardez en haut, si Satan vous accuse après être parvenu à vous renverser ; et vous y trouverez non seulement un juste qui est la propitiation pour tout le monde, et qui réclame de la grâce un droit que lui a concédé la justice ; mais encore un Être souverainement cher au Père, priant pour les pécheurs, et envers qui les entrailles paternelles de Dieu se sont toutes ensemble échauffées.

Et puis, ne l'oublions pas non plus, c'est auprès de *notre* Père que Jésus intercède. *Le Père lui-même nous aime, parce que vous m'avez aimé et que vous avez cru que je suis issu de Dieu,* a dit le Christ à ses disciples (Jean.15.1,26-27). Ainsi le cœur du Père à notre égard est ému du même sentiment qu'à l'égard de Christ lui-même. Le *Père aime le Fils,* (Jean.3.36), parce que le Fils a *laissé sa vie pour la reprendre,* (Jean.10.17) ; c'est pourquoi il aime aussi ceux pour lesquels il n'a pas épargné son propre Fils, et il les a mis en lui sur le trône. En sorte que Jésus n'en appelle pas seulement au Père comme étant le sien, mais comme étant aussi celui de toute sa famille, selon ce qui est écrit : *Voyez quel amour le Père nous a donné, que nous soyons appelés fils de Dieu* (1Jean.3.1 ; lisez aussi Jean ch. 17, tout entier). Combinez maintenant toutes ces circonstances réunies, et considérez, lecteurs chrétiens, tout ce que vous avez dans le ciel pour la joie de votre foi. C'est le Fils qui parle pour vous à son Père et au vôtre, le Fils qui est un avec le Père, assis sur le trône du Père, demandant ce qui plaît au Père, après avoir pleinement accompli toute la sainte volonté du Père pour votre justification. Et ce Père auquel il parle, a fait *éclater son amour envers nous,* (Rom.5.8) : non seulement *il n'a pas épargné son propre Fils* (Rom.8.29), mais *en lui il vous a bénis de toute bénédiction spirituelle dans les lieux célestes* (Éph.1.3) ; en lui *réconciliés* (Coloss.1.19) ; en lui rendus participants de toutes ses promesses (2 Cor.1.20) ; en lui ressuscités et assis ensemble dans les lieux célestes (Eph.2.6). Comment donc son cœur ne serait-il pas disposé à donner aussi bien que celui de Jésus à demander ? Comment le Père refuserait-il d'accorder des grâces à ceux qu'il a gratuitement aimés, et d'un amour qui remonte à des temps éternels (2Tim.1.9), d'un amour que n'augmente pas même cette œuvre excellente de Christ qui n'en est que la conséquence ? Non ; si le cœur de David était tellement attaché à Absalom, qu'il consentit à recevoir ce dernier, et à lui pardonner, sur le simple récit d'un mensonge fait par une femme déguisée en veuve désolée, à l'instigation de Joab ; que fera donc notre Père qui est aux cieux, quand c'est Jésus-Christ le Juste qui est notre Avocat auprès de Lui, et qui unit la voix de sa prière à la voix de son sang pour solliciter notre réintégration dans notre patrie et toutes les grâces qui peuvent nous y préparer ? Qui est-ce qui condamnera quand Christ prie pour nous ?

Conclusion

Ainsi, cher lecteur, nous avons essayé, dans l'infirmité, de faire ressortir les fondements de la confiance de l'Apôtre : et quoique nous n'ayons qu'effleuré le sujet, cependant nous en avons dit assez pour montrer que c'est avec justice que le croyant peut défier toutes les créatures qui sont dans les cieux et sur la terre, de pouvoir, non pas sans doute l'accuser, mais l'accuser de manière à le faire condamner. Car si Dieu le justifie, qui le condamnera ? Et si à cause de la mort et de la résurrection de Christ, Dieu demeure juste en prononçant la justification du pécheur croyant, qui oserait en appeler de cet arrêt ? Êtes-vous une de ces âmes craintives et délicates que la moindre accusation contre elles-mêmes met en émotion et en doute, de quelque part qu'elle vienne ; voyez combien vos craintes sont mal fondées ; voyez ce qu'est Christ auprès du Père, ce qu'il a fait, ce qu'il fait encore : et puisqu'un regard de foi porté sur ce gracieux Rédempteur vous unit à lui, vous approprie son œuvre, vous fait participer à son sang, à sa vie, à ses prières, donnez gloire à Dieu et jouissez des biens que la munificence du Seigneur a mis devant vous. Mais, direz-vous, mon peu de foi, ma faiblesse naturelle, mes chutes fréquentes, je ne sais quelle crainte in-définissable causée par la vue de ce que je suis, ou peut-être la superlative grandeur des privilèges du croyant, compa-rée à ma petitesse, tout cela m'empêche de triompher avec l'Apôtre Paul. Eh bien ! écoutez les quelques paroles que nous désirons, avant de quitter la plume, vous adresser en-core pour votre encouragement, paroles que nous tirerons en substance de cette précieuse et fortifiante déclaration du Saint-Esprit, sur laquelle nous avons déjà dit quelque chose, mais qui est susceptible de développements plus riches que nous ne sommes capables d'en donner : *C'est pourquoi il peut sauver parfaitement cœur qui s'approchent de Dieu par lui ; étant toujours vivant afin d'intercéder pour eux,* (Hébr.7.25). Que Celui qui a inspiré ces paroles nous donne de recueillir avec empressement le précieux fruit de consolation suspendu à cette branche de l'arbre de vie !

Vous trouverez, d'abord, ici une définition de la foi qui doit éloigner les craintes que vous ressentez à la vue de la fai-blesse de la vôtre. — Quoique vous ne soyez pas un croyant affermi, n'êtes-vous pas un de ceux qui s'approchent de Dieu par Christ pour être sauvés ? Oui ; vous êtes du nombre de ces heureux pécheurs, quelque petite que soit votre foi. — Vous venez pour être sauvé. Peut-être n'êtes-vous pas en-core sûr de l'être, peut-être êtes-vous dans l'incertitude sur la question de savoir si Dieu vous recevra ou non : mais au moins vous savez que c'est Dieu qui sauve, et vous souhai-tez qu'il vous sauve. Vous venez à lui *par Christ ;* vous n'avez pas l'orgueilleuse prétention de vous présenter devant Dieu sans être accompagné de son Benjamin ; vous avez compris que c'est l'œuvre de Christ qui justifie, et que votre affaire ici n'est pas d'apporter mais de recevoir. Ainsi vous avez la foi de ceux qui doivent être sauvés. Quoique timide et tremblante, c'est celle-là même que le Saint-Esprit a décrite dans le verset que nous méditons. Lors même que vous venez à Christ en clochant et avec une hésitation causée par le sentiment de votre petitesse, vous vous approchez pour trouver en lui le repos de votre âme. Or c'est là précisément ce qu'il demande de vous ; premier sujet d'affermissement.

Maintenant, lors même que vous n'êtes pas parvenu à la pleine assurance de la justification, considérez combien de sujets vous avez de ne pas vous laisser abattre, et de raffermir au contraire votre cœur chancelant.

D'abord, Christ vous est représenté comme intercédant *pour celui qui vient* : n'est-ce pas là ce qu'il vous faut ? Il est possible que quelque consolantes que soient sa mort et sa résurrection passées, vous fussiez repoussés loin de lui, si vous ne le voyiez dans le ciel que simplement glorifié. Mais vous l'y trouvez accomplissant continuellement une œuvre qui atteste son amour et sollicitant la grâce du Père en faveur de pauvres pécheurs qui obéissent à son commandement : *Si quelqu'un a soif qu'il vienne à moi* (Jean.7.37).

Ne comprissiez-vous pas qu'il est mort afin de montrer tout son amour envers les hommes, il y aurait déjà de quoi apaiser un peu la conscience, dans cette idée que le Fils de Dieu intercède sur le trône pour le salut des misérables qui s'approchent de ce trône. Si la foi aime à se reposer sur ce qu'il a *fait*, elle trouve aussi un appui dans ce *qu'il fait* maintenant, c'est-à-dire dans son intercession qui dure toujours. Quoique l'assurance du salut se fonde sur la présence actuelle de Christ dans les cieux comme Souverain Sacrificateur de la nouvelle alliance, elle a pourtant égard aux choses déjà passées, comme à l'élection de Dieu, au sacrifice du Seigneur, à sa résurrection et à son exaltation. La foi forte saisit ces choses comme Paul (Gal.2.20), et *se glorifie dans l'espérance de la gloire de Dieu* (Rom.5.2) ; ce que la foi faible ne peut faire encore. Mais l'assurance n'est pas la foi ; vous le voyez par les expressions mêmes du Saint-Esprit, que nous venons de relever. Ainsi prenez courage et venez à Dieu par Christ, afin qu'il vous apprenne lui-même que vous avez une part à ce qui a été accompli sur la croix et ratifié par le retour à la vie du Grand Pasteur des brebis. Vous donner l'assurance est une œuvre que le Père a laissée au Fils le soin de faire en vous. Croyez que Jésus s'acquittera de sa tâche puisqu'il est vivant pour cela ; et remettez-vous entre ses mains divines, avec tout espoir qu'aucune parole venue du ciel ne peut tomber en terre.

Mais demanderez-vous encore, puis-je être bien sûr qu'en cherchant le salut en Christ, ce puissant Sauveur intercédera pour moi, et prendra en main la cause de mon âme ? *Il est toujours vivant afin d'intercéder pour ceux qui s'approchent de Dieu par lui.* Voilà la réponse de Dieu même à votre question. Sa vie est consacrée à cela ; c'en est le but et l'occupation. Comme il a reçu du Père l'ordre de donner sa vie sur la terre, c'est aussi d'après le même ordre qu'il s'est assis dans le ciel, comme notre grand souverain sacrificateur. Sous la loi, toute victime de propitiation qu'on amenait au sacrificateur, quand on voulait s'approcher de Dieu par lui, était offerte sans difficulté : ainsi Christ a pour charge de recevoir tous les pécheurs qui viennent à Dieu par lui, et de recueillir les veux, les prières, les soupirs qu'ils sont monter de la terre vers le trône de grâce. Autrement il faudrait qu'il cessât d'être Sacrificateur.

Et si l'Adversaire, ramassant tous les péchés de votre vie avec leurs circonstances aggravantes, vous les présentait comme un sujet de craindre que Jésus ne s'intéresse pas à vous ; ou s'il prenait occasion de la puissance que l'habitude du péché exerce encore sur votre âme pour vous faire désespérer d'une guérison, souvenez-vous que Jésus peut *sauver en plein* ou *parfaitement* ceux qui s'approchent de Dieu par lui, Médecin venu du ciel et retourné dans le ciel, il ne connaît point d'insuccès dans les maladies de l'âme. Il peut guérir et délivrer les consciences les plus chargées, et ramener des portes de la mort les plus misérables (Psa.107.10-21). Voyez ce qu'étaient les Éphésiens et les Corinthiens (Éph.2.1-3; 1Cor.6.10-11) ; leur misérable état les avait-il empêchés d'être parfaitement sauvés ? Ainsi donc lors même que Satan vous conduirait sur la montagne d'où vous pouvez découvrir l'étendue de son royaume dans votre cœur et la honte qui vous en revient, en levant les yeux en haut, vous pouvez voir en même temps que la puissance de Christ pour sauver est mille fois, que dis-je ? infiniment plus grande que ce monde d'iniquité (Ésaïe.55.7-9). La terre est de toute part couverte du ciel ; ainsi en est-il de la grâce de Christ par rapport au péché. L'œil ne saurait trouver de bornes à l'horizon céleste, ni l'âme au pouvoir que Christ possède de délivrer et de purifier de tout péché. — Voulez-vous une délivrance ? Lors même que vous trouveriez dans votre vie tout ce qui peut imprimer au péché un caractère odieux, je dirai même atroce, attendez cette délivrance de Christ : Il peut sauver *pleinement.*

Supposez un instant que Jésus fût simplement mort, ressuscité, et élevé dans la gloire et qu'il n'intercédât pas maintenant pour vous auprès du Père, ne serait-ce pas un rafraîchissement pour votre âme que d'apprendre que tous les enfants de Dieu sur la terre, et tous les bienheureux esprits des lieux célestes, assiègent nuit et jour pour vous le trône de la grâce ? Eh bien ! un seul mot de Christ vaut mieux que tout un pareil concert de prières. Et puisqu'il *est toujours vivant afin d'intercéder,* quel sujet de plus d'être fortifié dans votre foi, et de ne pas douter qu'il ne vous puisse sauver ?

Je le crois, ajouterez-vous enfin, mais je redoute que mon incrédulité ne me prive de ces doux privilèges. — Il est vrai que l'incrédule n'y a point de part. Mais l'incrédule ne se soucie pas de Christ ; l'incrédule ne voit ni ne connaît l'excellence du salut ; pour lui, tout ce qui regarde Dieu et sa gloire, l'âme et sa délivrance, le ciel et ses joies, la paix des justifiés, la mort et la vie de Christ, sont des faits que sa bouche peut confesser, mais que son cœur ne croit pas ; des doctrines apprises par cœur, mais non des réalités ; des matières de science religieuse, mais non des objets qui excitent chez lui des affections de joie ou de tristesse, de repentance ou d'espérance, de haine de soi-même ou d'amour de Dieu ; des soupirs, des prières, des actions de grâces ou des ravissements d'esprit. Est-ce-là votre cas, cher lecteur ? Venez-vous à Christ pour la forme, ou plutôt n'y venez-vous pas réellement ? Christ n'est-il qu'un mot pour vous et non un être réel, un Sauveur qui a porté le péché et qui est vivant auprès du Père ? Non, encore une fois ce n'est pas votre cas. Vous ne pouvez pas vous réjouir, triompher avec Paul ; mais vous sentez que votre bonheur est attaché à la possession de la grâce de Dieu et à une part avec ceux que la foi a sanctifiés. Vous connaissez par expérience ces soupirs dont parle Paul, ces gémissements muets de l'âme qui a soif du Dieu vivant. Qu'est-ce donc là, sinon une preuve que Jésus a déjà prié pour vous ? Sont-ce les membres qui commandent à la tête d'agir ; ou bien si le siège de tout mouvement est dans la tête, et de là se communique aux membres ?

Et vous, chers lecteurs, qui avez trouvé une pleine paix dans le Seigneur Jésus et qui pouvez adopter le langage de Paul, langage dont nous n'avons pu, malgré nos efforts, faire ressortir toute l'énergie, souffrez qu'avant de poser la plume nous vous donnions, en quelques mots, une parole d'exhortation. Le but de ce traité a été d'affermir votre foi, de la rendre aussi triomphante que possible ; mais c'est afin qu'elle vous fasse triompher elle-même du péché, du monde et du Diable. Vos privilèges en Christ ont été placés devant vous ; et cette abondance de grâce et de justice que vous possédez dans le second Adam, vient d'être en partie, et surtout en faiblesse, exposée de nouveau à vos regards. Mais souvenez-vous que c'est pour exciter l'amour en nous que l'Esprit du Seigneur fait passer l'amour de Christ devant nous. Si la grâce surabonde par-dessus le péché, et si la miséricorde se glorifie par-dessus la condamnation, c'est afin de vous rappeler sans cesse que vous êtes maintenant esclaves de Dieu, et rachetés d'une cruelle servitude, celle du péché, servitude sous laquelle vous ne devez plus rentrer. Si vous êtes ressuscités et assis avec Christ et en Christ dans les lieux célestes, c'est afin que vous marchiez en nouveauté de vie sur la terre, animés du même esprit, remplis des mêmes sentiments, que votre Seigneur et Sauveur dans sa vie actuelle : c'est afin que vous cherchiez les choses qui sont en haut, où Jésus est assis à la droite de Dieu, et que, vous considérant comme bourgeois des cieux, vous laissiez le monde en arrière, et vous tendiez à arriver, comme Paul, à la perfection, c'est-à-dire à la résurrection d'entre les morts, qui est le prix de la céleste vocation de Dieu en Jésus-Christ (Philip.3.8-20). Si Christ prie pour vous, c'est afin que vous priiez avec lui pour son Église et pour tous vos frères en particulier, et que vous serviez les saints comme Jésus les sert lui-même, vous employant à cela avec le même amour et la même persévérance (Jean.12.1-17). Et vous ne sauriez conserver et entretenir la joie résultant des fruits qui vous reviennent de l'œuvre de Christ, sans donner vos soins

à toutes ces choses et y abonder ; car elles sont les conséquences d'une sainte contemplation de la gloire de Christ
que le Saint-Esprit vous a découverte (2Cor.3.18). Puissiez-vous
donc vous conduire d'une manière digne de la vocation à
laquelle vous êtes appelés, et vivre *pour* Christ dans l'attente
de régner avec lui ! Souvenez-vous de sa prière continuelle ;
et prévalez-vous-en pour obtenir que Dieu *accomplisse puis-
samment en vous le bon plaisir de sa bonté et l'œuvre de la foi ;
afin que le nom de notre Seigneur Jésus-Christ soit glorifié en
vous et vous en lui !* (2Thess.1.11-12)

Or à ce grand Dieu *qui nous a aimés, et qui nous a donné
une consolation éternelle et une bonne espérance par grâce,* à Lui
soit, par Jésus-Christ, la gloire et la force aux siècles des
siècles. Amen !

Table des matières